Pantagruel

(1532)

Gargantua

(1534)

RABELAIS

MICHEL VIEGNES
Ancien élève de l'École normale supérieure
Maître de conférences à l'université de Grenoble III-Stendhal

GÉRARD MILHE POUTINGON
Maître de conférences à l'université de Rouen

Sommaire

© HATIER, Paris, août 2003   ISSN 0750-2516   ISBN 2-218 **74432**-5

Lectures analytiques

ANNEXES

Les citations et les textes des lectures analytiques du *Pantagruel*
et du *Gargantua* renvoient à Rabelais, *Œuvres complètes* (texte
original, translation en français moderne, préface et notes par Guy
Demerson), éditions du Seuil, 1973 et novembre 1995 (coll.
« Points »).

Suivi éditorial : Luce Camus
Maquette : Tout pour plaire
Mise en page : Graphismes

FICHE PROFIL

Pantagruel (1532)

François Rabelais (1494 ? – 1553)

Roman   XVIᵉ siècle

RÉSUMÉ

Après un « prologue de l'auteur», le récit débute par la naissance du géant Pantagruel, accompagnée de prodiges annonciateurs de son exceptionnelle destinée. Sa mère Badebec meurt à l'accouchement. Le jeune Pantagruel fait le tour des universités de France. À Paris, il rencontre un étudiant limousin dont il punit le pédantisme, puis il découvre la bibliothèque de l'abbaye Saint-Victor, symbole de la stérilité d'une éducation purement livresque. Pendant qu'il s'adonne à l'étude, il reçoit une lettre de son père Gargantua l'incitant à chercher une éducation plus proche des idéaux de l'humanisme. Pantagruel se plonge avec ferveur dans des études conformes à ces idéaux.

C'est alors qu'il fait la connaissance de Panurge, dont la personnalité, haute en couleur, est décrite à travers ses anecdotes et les bons tours qu'il aime jouer. Très rusé, Panurge aide Pantagruel à gagner un débat public contre le savant anglais Thaumaste. Après ce débat, et après avoir réglé une controverse entre deux seigneurs, Pantagruel bénéficie d'une éclatante renommée.

Mais il doit quitter Paris, car le pays de son père vient d'être envahi par les Dipsodes. Après quelques faits d'armes menés avec ses fidèles compagnons, il noie l'armée des Dipsodes sous un « déluge urinal». Mais la victoire n'est pas complète. Il doit vaincre en duel le redoutable Loup Garou, général des ennemis. Ce duel une fois gagné, Épistémon, l'un de ses compagnons tué au combat, est ressuscité par Panurge et raconte son séjour aux Enfers, où les puissants vivent misérablement et où, inversement, ceux que ce monde dénigrait jouissent de tous les pouvoirs.

Ensuite, Pantagruel s'en va conquérir avec son armée le pays des Dipsodes. En chemin, le narrateur Alcofribas pénètre dans la bouche du géant où il découvre un nouveau monde. Pour conclure, Alcofribas recommande de « vivre en paix, joie et santé ».

PERSONNAGES PRINCIPAUX

– **Pantagruel** : géant, prince du royaume d'Utopie, fils de Gargantua.

– **Gargantua** : géant, fils de Grandgousier et père de Pantagruel, roi d'Utopie.

– **Panurge** : sorte de vagabond très rusé, naviguant entre le bien et le mal, ami de Pantagruel.

– **Épistémon, Carpalim, Eusthènes** : trois fidèles compagnons de Pantagruel.

CLÉS POUR LA LECTURE

1. Une histoire de géants
Rabelais a imaginé les exploits d'un géant, conformément aux goûts du public de l'époque pour les récits folkloriques.

2. Une parodie d'épopée
Le *Pantagruel*, roman comique, est une parodie des épopées et des romans de chevalerie avec batailles, duels, personnages doués d'une force surhumaine.

3. Un roman humaniste
Le comique du roman sert de paravent à un message philosophique. Rabelais y diffuse ses idées, en particulier l'humanisme et l'Évangélisme.

4. Une construction originale
Sous des apparences décousues, le *Pantagruel* respecte le schéma traditionnel des romans de chevalerie ; il repose en outre sur une construction savante, porteuse d'un message moral humaniste.

FICHE PROFIL

Gargantua (1534)

François Rabelais (1494-1553)

Roman   XVIᵉ siècle

RÉSUMÉ

Après un prologue, où Rabelais définit la manière de lire son roman selon un sens « élevé», l'histoire débute par le récit de la naissance extraordinaire du géant Gargantua, fils de Grandgousier et de Gargamelle. En venant au monde, l'enfant réclame à boire. Son éducation va d'abord être assurée selon les méthodes pédagogiques du Moyen Âge, par les maîtres Thubal Holoferne et Jobelin Bridé : c'est un désastre. Son père remplace ces précepteurs scolastiques par Ponocrates, qui l'instruit selon les méthodes de la Renaissance humaniste : c'est un grand succès. Il s'agit d'une éducation complète, à la fois morale, intellectuelle et physique. Le jeune Gargantua, conformément à l'idéal du prince humaniste, est un savant et un guerrier accompli.

Éclate alors un conflit entre Grandgousier, père de Gargantua, et son voisin, le tyran Picrochole, homme agressif et ambitieux, qui commence par envahir les terres de Grandgousier. Un moine, le Frère Jean des Entommeures, furieux de voir les soudards envahir les vignes de son abbaye, se bat avec une énergie extraordinaire. Il est intégré à la troupe des compagnons de Gargantua.

Malgré la bonne volonté de Grandgousier, qui exhorte Picrochole à la paix, ce dernier, influencé par ses ambitieux conseillers, persiste à vouloir faire la guerre. Ses armées seront vaincues par les troupes de Gargantua.

La guerre terminée, Gargantua se montre généreux envers ses alliés. Pour récompenser Frère Jean de son aide et de sa vaillance, il lui offre une région entière où il fait bâtir Thélème. Dans cette abbaye conçue à l'inverse des abbayes habituelles, on mènera, selon les vœux de Frère Jean, une vie raffinée, conforme à l'idéal de la Renaissance.

Le roman s'achève sur d'« obscures paroles » souhaitant la fin des persécutions et l'avènement de la vraie foi.

PERSONNAGES PRINCIPAUX

– **Gargantua** : géant, fils de Grandgousier, roi d'Utopie.

– **Grandgousier** : roi sage et pacifique du royaume d'Utopie, père de Gargantua.

– **Picrochole** : roi ambitieux et belliqueux, voisin et ennemi de Grandgousier.

– **Ponocrates** : professeur éclairé, représentant de l'idéal pédagogique humaniste.

– **Frère Jean des Entommeures** : moine bon vivant et sachant se battre, allié de Gargantua dans sa lutte contre Picrochole.

– **Eudémon, Gymnaste** : fidèles compagnons de Gargantua : le premier est son page, le second son maître d'armes.

CLÉS POUR LA LECTURE

1. Une histoire comique de géants

Rabelais se conforme aux principes du roman de chevalerie et du récit populaire, en vogue à son époque, afin de séduire le public.

2. Une parodie d'épopée

Les règles de la narration épique et chevaleresque sont parodiées à travers le récit des « guerres picrocholines » pour créer un roman comique original.

3. Une satire humaniste

Le comique sert de prétexte à Rabelais pour critiquer la culture médiévale et promouvoir les idéaux de la Renaissance, en particulier dans le domaine de l'éducation.

4. Une dénonciation de la guerre

L'idéal humaniste et évangélique de la paix entre les peuples guide Rabelais dans son récit des prouesses du géant.

Rabelais : repères biographiques

ORIGINES ET PREMIÈRES ANNÉES

Par contraste avec la majorité des grands écrivains de son siècle (Montaigne, Du Bellay, Ronsard, par exemple), Rabelais n'est pas issu d'une famille de la noblesse mais d'un milieu bourgeois aisé. Son père, Antoine Rabelais, était avocat à Chinon et propriétaire de deux résidences dans la campagne de Touraine, La Devinière et le petit château de Chavigny-en-Vallée. C'est probablement à La Devinière que naît, sans doute en 1494, le troisième fils d'Antoine et de son épouse.

Nous n'avons guère de certitudes concernant la vie de Rabelais entre la date de sa naissance et 1520. Il est probable qu'il grandit dans la campagne de Touraine et qu'il reçoit dans ses jeunes années l'enseignement traditionnel du Moyen Âge. La connaissance et l'amour des lieux de la région se retrouveront dans *Pantagruel* et *Gargantua*. Quant à l'enseignement traditionnel qui a probablement été le sien, il consistait depuis le Moyen Âge en ce qu'on appelait en latin le *trivium* et le *quadrivium*. Les trois matières du *trivium*, constituant le premier cycle d'études, traitaient de la langue et du discours (grammaire, rhétorique, dialectique). Le *quadrivium* comprenait l'arithmétique, la géométrie, la musique et l'astronomie. Dans son œuvre, Rabelais ridiculisera le côté artificiel et superficiel de ce type d'études, qui reposait surtout sur la mémoire et n'encourageait guère la réflexion. Il semble que Rabelais ait d'autre part étudié le droit à Bourges ou à Angers.

LE MOINE HUMANISTE

On sait qu'à partir de 1520, Rabelais est moine dans l'ordre franciscain (fondé par saint François d'Assise), à Fontenay-le-Comte, en Vendée. Il fréquente alors des lettrés, moines ou laïcs, comme Pierre Amy et André Tiraqueau, dont il partage la passion pour l'Antiquité grecque et latine. Il s'intéresse notamment à la question du mariage et du statut des femmes, sujet sur lequel Tiraqueau a publié un traité en 1513. Il entretient une correspondance avec l'helléniste[1] Guillaume Budé. Il a lui-même appris le grec, fait exceptionnel à l'époque. Les franciscains étaient plutôt peu favorables à la recherche intellectuelle et à l'étude du grec. C'est vraisemblablement la raison pour laquelle Rabelais obtient du pape l'autorisation de changer d'ordre et devient bénédictin (ordre de saint Benoît). Il séjourne le plus souvent à Ligugé près de Poitiers, sous la protection de l'évêque Geoffroy d'Estissac, de 1524 à 1526. Il entre alors en contact avec de nombreux humanistes. Ce sont des érudits et des intellectuels qui travaillent au renouveau des lettres et des sciences par la traduction et l'étude des écrivains de l'Antiquité.

LE MÉDECIN HUMANISTE

Nous savons que Rabelais quitte le Poitou en 1528, pour des raisons qui nous demeurent inconnues. On pense qu'il vit un temps à Paris, où il abandonne son habit de moine et entretient une liaison dont naîtront deux enfants. Il est probable qu'il commence alors ses études de médecine. En 1530, en tout cas, il est étudiant en médecine à Montpellier. On sait aussi qu'il a participé, en tant qu'acteur, à la représentation d'une farce. Il obtient très vite son diplôme et sa réputation lui permet apparemment, dès 1532, d'accéder au poste de médecin dans un grand hôpital de

---

1. *Helléniste* : savant lettré spécialiste de la langue grecque.

Lyon. Il y restera jusqu'en 1534. Lyon est à cette époque le centre intellectuel de la France et se trouve moins soumis que Paris à la tutelle de la Sorbonne. En effet, à l'époque, la Sorbonne était la faculté de théologie où s'enseignaient les principes dogmatiques de l'Église. Elle était donc le bastion du conservatisme intellectuel.

À Lyon, Rabelais fréquente des humanistes. Il échange une correspondance suivie avec l'helléniste Guillaume Budé, et avec Érasme, l'érudit et penseur hollandais qui fait figure de maître spirituel pour cette génération d'humanistes. L'humanisme de Rabelais est aussi solidaire de l'évangélisme, c'est-à-dire du souci d'en revenir à la pureté de l'inspiration des Évangiles en se fondant sur une meilleure connaissance des textes.

PANTAGRUEL ET *GARGANTUA*

C'est à Lyon que paraît *Pantagruel* en 1532. Le livre est publié sous le pseudonyme d'Alcofribas Nasier, anagramme[1] de François Rabelais. Dans cet ouvrage, Rabelais reprenait la tradition de récits populaires consacrés à des géants grotesques et comiques. Ce genre d'histoire était très populaire depuis la fin du Moyen Âge. Son salaire de médecin étant très modeste, Rabelais a sans doute composé cette œuvre dans l'idée de renflouer sa bourse. Mais *Pantagruel*, tout comme *Gargantua* qui lui fait suite en 1534, est plus qu'une histoire de géants bouffonne et décousue. En homme de lettres et de science, Rabelais remplit son œuvre d'idées humanistes, de références savantes et y critique certains aspects de l'Église et de l'enseignement traditionnel. Les deux livres sont condamnés par la Sorbonne[2] en 1533 et 1542, mais ils obtiennent un très grand succès populaire.

---

1. *Anagramme* : mot obtenu à partir de la transposition des lettres d'un autre mot.
2. À l'époque, la Sorbonne décide en effet de la conformité aux dogmes et de la moralité des ouvrages publiés dans le royaume.

LES DERNIÈRES ŒUVRES

Sous la protection du cardinal Jean du Bellay, Rabelais quitte Lyon et suit son protecteur à Rome où il fera trois longs séjours entre 1534 et 1550. C'est pour lui une exceptionnelle occasion d'enrichir ses observations et ses connaissances d'humaniste dans un des berceaux de l'Antiquité. Il y étudie la science botanique, élargissant ainsi sa curiosité intellectuelle d'homme de la Renaissance. Il profite également de son séjour pour recevoir l'absolution du pape pour son abandon de l'habit bénédictin.

Entre ses voyages, il pratique la médecine à Lyon puis à Metz, où il finit par se réfugier, de crainte de subir des persécutions après la publication du *Tiers Livre* sous son propre nom (1546). Le *Tiers Livre* revient sur le personnage de Panurge, qui s'interroge sur le mariage. En se réfugiant à Metz, Rabelais fuyait également les persécutions contre les sympathisants des évangélistes, partisans d'un retour à l'Évangile « pur et simple », et suspects de sentiments protestants. Pourtant, en 1550, Rabelais revient en Île-de-France, grâce au cardinal du Bellay qui lui fait obtenir le revenu de deux cures[1], l'une à Meudon, l'autre près du Mans. Il reçoit aussi un soutien royal. Il réside cependant à Saint-Maur, près de Paris, et abandonnera en fait ses deux cures en 1553. Son *Quart Livre* sera publié en 1552, mais onze chapitres l'avaient déjà été quatre ans auparavant. Ce dernier ouvrage décrit le voyage fantaisiste et satirique de Panurge qui s'en va consulter l'oracle de la Dive Bouteille, en compagnie de Pantagruel. Rabelais s'éteint l'année suivant la publication du *Quart Livre*, en 1553.

---

1. *Cure* : argent versé au prêtre titulaire de la fonction de *curé* dans une paroisse.

PREMIÈRE PARTIE

Résumés et repères pour la lecture

RÉSUMÉ ET REPÈRES
POUR LA LECTURE DE *PANTAGRUEL*

Rabelais a donné des titres à ses chapitres. Il a également suivi le schéma traditionnel, en trois parties, des romans de chevalerie : naissance, éducation, exploits du héros[1]. Mais il ne respecte pas strictement cette division. Nous proposons donc de diviser le *Pantagruel* et le *Gargantua* en épisodes correspondant à leur organisation réelle. Les titres sont également de notre fait.

LE « PROLOGUE DE L'AUTEUR »

RÉSUMÉ

Alcofribas Nasier, pseudonyme sous lequel Rabelais signe le *Pantagruel*, fait comiquement l'éloge du roman. Ce livre aurait des «propriétés occultes» : il guérirait de bien des maux, comme la vérole ou le mal de dents, à condition toutefois de croire sans restriction à ce qu'il raconte.

REPÈRES POUR LA LECTURE

Les masques de l'auteur

Un prologue est une entrée en matière importante, que nous lisons après avoir découvert la couverture du livre. Pour son premier roman, Rabelais choisit de masquer sa véritable identité, à la fois en couverture et dans le prologue. La couverture du *Pantagruel* comporte certes un nom d'auteur, mais celui-ci – «Maître Alcofribas Nasier, abstracteur de quinte essence» – est visiblement faux. Peu de contemporains savaient que ce pseudonyme

---

1. Voir problématique 2 («*Pantagruel* et *Gargantua*, des romans de chevalerie»), p. 46.

est l'anagramme de François Rabelais. Cet anagramme réunit de façon comique diverses notions : *Alcofribas* évoque le mot *alcool*, d'origine arabe ; *Nasier* désigne le *nez*, mais c'est aussi le nom d'un sarrasin dans un célèbre roman de chevalerie (le *Gaufrey*) ; l'*abstracteur* est un alchimiste qui extrait la *quintessence*, la partie la plus pure de l'alcool. C'est donc un «auteur» dont l'identité est difficile à cerner, qui prend la parole dans ce prologue.

Les masques de la fiction

Pour les contemporains, il était difficile de se faire d'emblée une idée précise du contenu de *Pantagruel*. La couverture était ornée d'images utilisées par l'éditeur pour imprimer de savants traités de droit, rédigés en latin. Or, le pseudonyme comique, associé à un titre promettant le récit des «faits et prouesses épouvantables» d'un «roi», laissait plutôt attendre une parodie des romans de chevalerie, ce que confirment les premiers mots du prologue, adressés aux «très illustres et très valeureux héros». Puis le prologue mentionne les «Grandes et inestimables Chroniques», qui entraînent le lecteur dans l'univers des récits populaires, en particulier les *Grandes Chroniques*, ouvrage très célèbre à l'époque. Mais la suite du roman comportera peu de références à ces *Chroniques* et d'importantes questions, morales, philosophiques ou théologiques, seront traitées.

L'auteur n'est donc pas le seul à se dissimuler sous un masque aux facettes multiples : le contenu du roman obéit aussi au même principe de mystification. Il s'agit de créer un univers romanesque aux possibilités interprétatives multiples.

Entre vérité et mensonge

Le texte accomplit la fonction traditionnelle de tout prologue : indiquer la manière de lire le roman. Mais les divers masques adoptés par Rabelais et sa fiction soulèvent des questions : qui croire ? que croire ? Alcofribas lui-même qualifie le contenu du roman de «faribolles», tout en assurant, à la fin du prologue, ne jamais mentir. Cela sous-entend que la vérité, proche du mensonge, reste un jeu et, surtout, que le lecteur doit accepter d'entrer dans une fiction possédant une cohérence originale et des lois qui lui sont propres. Il incombe donc au lecteur de comprendre que le roman qu'il s'apprête à lire est riche en ambiguïtés, et qu'il se situe entre sérieux et «fariboles».

La naissance et l'apprentissage du héros

RÉSUMÉ

Rabelais raconte les origines de la lignée du géant : peu après le crime perpétré par Caïn contre son frère Abel, la terre gorgée du sang d'Abel produisit d'étranges fruits. Les hommes, en les mangeant, se mirent à enfler. Ceux qui enflèrent en taille donnèrent naissance à la race des géants, dont est issu Pantagruel. Puis est expliqué le nom de Pantagruel : une sécheresse occasionnant un phénomène surnaturel à sa naissance (on vit sortir de terre de grosses gouttes de sueur), *Pantagruel* signifie «tout altéré». Il deviendra donc le «maître des altérés». Mais l'épouse de Gargantua, Badebec, meurt en donnant naissance à son fils.

Le petit Pantagruel se distingue : il mange la moitié d'une vache, dévore un ours et porte son berceau sur le dos. Il fait le tour des universités. À Paris, il rencontre un étudiant pédant, qui s'exprime dans un jargon à base de latin et de grec. Puis il découvre la bibliothèque de l'abbaye Saint-Victor. Il reçoit alors une lettre de son père Gargantua, faisant l'éloge de l'idéal éducatif humaniste[1]. L'accent est mis sur la connaissance des langues, la lecture des écrivains de l'Antiquité, la curiosité scientifique et la sagesse

---

1. Voir lecture analytique 1, p. 94.

morale, à l'opposé de la simple compilation des connaissances dont la bibliothèque de Saint-Victor est l'emblème. Au moment où Pantagruel se met au travail, il rencontre Panurge, un «homme beau de stature et élégant» mais miséreux, auquel il fait donner gîte et couvert.

REPÈRES POUR LA LECTURE

Le nom du géant

Rabelais attache beaucoup d'importance au symbolisme des noms, qu'ils soient simplement comiques, satiriques ou plus philosophiques. Nous avons constaté la richesse interprétative du pseudonyme «Alcofribas Nasier». Le nom *Pantagruel* n'est pas moins suggestif. Le public de l'époque le connaissait sous la forme *Penthagruel*, nom folklorique d'un petit diable ailé, fils de Proserpine (la mère des diables), parcourant les régions marines et, la nuit venue, jetant du sel dans la gorge des ivrognes pour leur donner soif. Le décalage entre un petit diable et un héros positif gigantesque est destiné à provoquer le comique.

Mais le décalage n'est pas total : Pantagruel naît au moment où la terre sue du sel, et il conserve son pouvoir altérant dans les chapitres 6 (l'écolier limousin est «si altéré qu'il disait que Pantagruel le tenait à la gorge») et 28 (Pantagruel assoiffe ses ennemis en leur jetant du sel dans la gorge). Cela donne à réfléchir sur la nature du bien et du mal : la race des géants naît après le crime de Caïn, le bon héros Pantagruel conserve quelque chose de son modèle diabolique. Il semble que, en ce début de roman, Rabelais nous incite à interroger la frontière, pas toujours nette, entre le péché et la vertu.

Ce nom donne aussi à réfléchir sur la logique de l'intrigue. À la fin du roman, les ennemis de Pantagruel auront pour nom les «Assoiffés» : le géant, «maître des altérés», était donc prédestiné à remporter la victoire. Avec le simple nom de «Pantagruel», le début du roman pose ainsi les bases d'une logique narrative implicite, une continuité sous les apparences d'une construction romanesque désordonnée[1].

Dénoncer la vanité humaine

Cette première partie du *Pantagruel* est essentiellement axée sur l'éducation du géant. Les aspects de cette éducation seront examinés en détail plus loin. Mais, d'une façon plus globale, il semble que le thème de la vanité humaine, combattue grâce au programme éducatif humaniste, donne son unité à cette partie.

Ce thème apparaît dès la naissance du géant. Le vaniteux est souvent décrit comme un «enflé», un prétentieux dont les paroles creuses sont pleines de vent. C'est une des origines de l'expression : «il est gonflé» – on peut penser aussi à la fable de La Fontaine «La grenouille qui voulait se faire aussi grosse que le bœuf» (où la grenouille éclate à force de gonfler de prétention). Pour Rabelais et certains humanistes, le prétentieux commet un péché : en voulant se montrer supérieur, en ne pensant qu'à lui-même, il oublie la loi de charité chrétienne, consistant à regarder son prochain comme son propre frère. Caïn est souvent représenté comme le premier «enflé» : ne pensant qu'à lui, il tue son frère.

Or, dans le *Pantagruel*, les hommes mangent le fruit issu de ce crime puis «enflent». La longue liste des enflures que donne Rabelais vise à ridiculiser l'humanité souillée par le premier crime. Ensuite, au cours de son voyage universitaire, Pantagruel rencontrera de nombreuses formes de prétention, de l'écolier limousin aux moines de l'abbaye de Saint-Victor, jusqu'à Panurge. Lui-même y cèdera, avant de se conformer à la sagesse humaniste. Avant la guerre contre Anarche, la vanité est bien un réel danger – pour l'âme – que le géant rencontre sur sa route.

---

1. Voir *infra*, p. 57-59.

Découverte de la vie parisienne

RÉSUMÉ

Pantagruel, dont la réputation se répand à Paris, est nommé juge d'un procès opposant Baisecul à Humevesne. Leurs revendications inintelligibles parodient le style juridique et ses obscurités. Le géant rend son jugement dans le même jargon incohérent et ridicule, mais les juristes et le public restent béats d'admiration devant sa sagesse.

Ensuite, Panurge raconte par quelle ruse il a échappé aux Turcs. Puis il fait remarquer à Pantagruel que les murailles les plus solides et les plus avantageuses seraient bâties de sexes féminins. Panurge est en réalité un voyou, qui vole les troncs des églises en feignant d'y laisser de l'argent.

Survient un savant anglais, Thaumaste. Ayant entendu parler de la sagesse de Pantagruel, il vient le défier dans un débat muet, entièrement conduit par signes. Pantagruel accepte le défi mais Panurge propose de l'aider. Au cours du débat, les gestes et grimaces de Panurge suscitent l'admiration de Thaumaste. Ce dernier déclare en conclusion que Pantagruel est le plus savant des hommes, puisque son disciple a pu résoudre pour lui les plus hautes questions intellectuelles.

Panurge entreprend ensuite de séduire une grande dame de Paris. Ses approches et propositions obscènes sont rejetées. Pour se venger, Panurge l'asperge d'une drogue de sa fabrication qui attire sur elle tous les chiens de Paris.

REPÈRES POUR LA LECTURE

Un regard critique sur la société

Sous des aspects comiques, cette partie du *Pantagruel* contient une réflexion sur la société et ses lois. Le droit n'était pas un savoir réservé aux professionnels du monde juridique : il faisait partie du bagage intellectuel de tout homme cultivé. Rabelais s'y intéresse, notamment dans la mesure où il permet d'établir la justice et l'harmonie dans les relations sociales. Ce n'est pas un hasard si, comme nous l'avons dit, la couverture du *Pantagruel* adopte la présentation d'un savant traité de droit : on peut considérer que le voyage universitaire du géant n'est qu'une quête, certes comique, du savoir juridique. Les villes qu'il traverse, en particulier Toulouse et Bourges, étaient fameuses pour leurs facultés de droit.

C'est cette connaissance du droit qui permet à Pantagruel de régler la querelle entre Baisecul et Humevesne. Mais cet épisode permet surtout à Rabelais de se moquer des mauvais juristes, qui se complaisent dans des débats pointillistes et emploient un langage obscur, incompréhensible pour le peuple. Le comble de la moquerie est atteint dans le débat par gestes entre Thaumaste et Panurge : alors que les signes de ce dernier sont clairement obscènes, le savant anglais, qui n'y comprend rien mais qui est habitué à l'obscurité des savants, y voit l'expression d'une sagesse supérieure. Rabelais dénonce ainsi ceux qui usent d'un langage impropre à la communication et à l'organisation harmonieuse d'une société.

Pantagruel et Panurge

C'est dans cette partie du roman qu'entre en scène le personnage de Panurge. L'amitié qui l'unit à Pantagruel est immédiate. Elle doit sans doute beaucoup à la traditionnelle amitié unissant les héros épiques. Mais leur relation est complexe ; elle évoluera dans les romans suivants, et deviendra même un ressort narratif de premier ordre : les trois derniers livres de Rabelais reposeront sur l'aide que Pantagruel apporte à Panurge.

Pourtant, tout oppose les deux personnages : le géant s'impose progressivement comme le représentant de l'humanisme éclairé, alors que Panurge n'est qu'un fripon, un voleur et un lâche. Mais ils sont nécessaires l'un à l'autre, la personnalité de chacun apparaissant pleinement par contraste avec celle de l'autre.

Surtout, leurs noms sont presque identiques (ils contiennent tous deux la racine grecque *pan*, «tout»). Il semble donc que leurs relations dépassent le simple rôle de faire-valoir : Pantagruel, après son succès dans la querelle entre Baisecul et Humevesne, cède à une gloriole bien éloignée des idéaux de l'humilité humaniste, mais il en guérira lorsque Panurge prendra cette gloriole à son compte. Comme si la vocation de Panurge était d'endosser les faiblesses humaines menaçant Pantagruel.

Une épopée de géants

RÉSUMÉ

Les Dipsodes du roi Anarche ont envahi le royaume de Gargantua. Pantagruel part les combattre. En chemin, le géant reçoit d'une dame de Paris un mystérieux message en hébreu où il est dit : «Pourquoi m'as-tu laissée ?»

La guerre commence. Les quatre compagnons de Pantagruel tuent six cent soixante chevaliers ennemis et n'épargnent qu'un seul prisonnier. Puis ils banquetent joyeusement et dressent un trophée dédié à leur victoire. D'un pet, Pantagruel engendre cinquante-trois mille petits hommes, et d'un autre naissent de petites femmes accroupies. Panurge brise en deux un javelot dont les deux bouts sont posés sur un verre rempli d'eau sans casser les deux verres. Il veut ainsi montrer que la victoire sur les ennemis sera facile et fera peu de victimes.

Le prisonnier est alors renvoyé à son roi. Pantagruel inonde les ennemis sous un «déluge urinal». Mais Anarche s'échappe. Loup Garou attaque Pantagruel en duel. Ce dernier recommande son âme à Dieu et, en bon évangéliste, fait vœu de faire prêcher l'Évangile pur, simple et entier, en cas de victoire. Le géant sort vainqueur du duel.

Une parodie des romans de chevalerie

Afin de faire rire les lecteurs en parodiant un genre très à la mode, Rabelais exploite et détourne les codes du roman de chevalerie. S'il est normal pour un héros de dresser un trophée après une victoire, que dire de ce même héros lorsqu'il «pète» de joie et que ses pets donnent naissance à un peuple de pygmées ? Rabelais caricature aussi ces codes : le décalage entre le nombre des chevaliers tués au cours d'une escarmouche et celui de leurs adversaires, les quatre compagnons du géant, est outrancier, de même que les moyens de la victoire contre Anarche, acquise grâce à un gigantesque «déluge urinal». C'est avec de tels procédés que Rabelais crée un des aspects les plus visibles, les plus immédiatement compréhensibles, de son comique.

Les limites de la culture populaire

À d'autres occasions, le rire rabelaisien saura se faire plus fin, plus allusif. Il est en effet difficile de concevoir que Rabelais, éminent médecin, juriste avisé, proche des plus grands personnages du royaume, se laisse aller sans restriction aux facilités du comique populaire de son temps, représenté par des romans pas toujours dignes d'intérêt.

En fait, si le registre populaire lui permet de créer facilement des effets comiques, la culture populaire lui inspire surtout de la méfiance : il dénonce à plusieurs reprises la crédulité et la superstition du peuple (par exemple au début du chapitre 17 du *Gargantua*). Au cours du duel entre Loup-Garou et Pantagruel, il ne manque pas de glisser certaines allusions érudites montrant qu'il tient les contes populaires (les «contes de la Cigogne») en piètre opinion. De même, dans l'épisode suivant, lorsque son ami Épistémon reviendra des Enfers et proposera de raconter les faits de certains héros de romans populaires, le géant lui demandera de réserver ces contes «pour une autre fois» (chapitre 30), montrant ainsi le peu d'intérêt qu'il leur accorde. Il faut donc comprendre que les codes de la culture populaire peuvent fonctionner aussi comme des mises à distance de cette culture.

La prière de Pantagruel : les relations entre l'homme et Dieu

Il est significatif que le duel entre le géant et Loup-Garou, épisode typique des romans de chevalerie populaires, soit interrompu par la prière que Pantagruel adresse à Dieu. Ce passage, bien que contenant des allusions comiques, est très sérieux. Rabelais y exprime son mépris pour des formules hypocrites telles que «Aide-toi, le Ciel t'aidera». Pour Rabelais, le chrétien place sa confiance en Dieu, non en sa propre force, mais il ne laisse pas Dieu faire le travail à sa place. Sont aussi ridicules et comiques ceux qui s'abandonnent à Dieu que ceux qui prétendent pouvoir se passer de lui. Cette idée d'une coopération entre l'homme et Dieu parcourt l'ensemble des romans rabelaisiens, et elle ne doit rien aux récits populaires.

CHAPITRES 30 À 34

Après la victoire

RÉSUMÉ

Épistémon, qui a été tué mais que Panurge a ressuscité grâce à de mystérieux remèdes, raconte ce qu'il a vu aux Enfers. Les grands de l'Antiquité y exercent de petits métiers tandis que les philosophes, poètes et petites gens de ce monde y sont puissants.

Une grande fête fait suite à la victoire dans la capitale de Gargantua. Le roi Anarche est ridiculisé. Pantagruel rassemble une armée pour aller prendre le royaume des Dipsodes. En chemin, ils sont surpris par une forte pluie. Pantagruel abrite ses hommes sous sa langue. Alcofribas, le narrateur, entre dans la bouche du géant. Il y voyage et y fait toutes sortes de découvertes. À sa sortie, il apprend que le pays des Dipsodes a été conquis. Mais

Pantagruel tombe malade. On fait descendre dans son estomac d'énormes boules de cuivre contenant des hommes chargés d'aller nettoyer les organes digestifs du géant.

Dans une conclusion burlesque, Alcofribas promet une suite à son livre et recommande à ses lecteurs de vivre en bons « pantagruélistes ».

REPÈRES POUR LA LECTURE

Un regard humaniste sur les sociétés humaines

Les contes populaires servent ici de support à un regard sur les structures des sociétés humaines. Épistémon, tué au cours de la bataille puis rendu à la vie par Panurge, revient des Enfers. Ce voyage dans le monde souterrain emprunte à la culture populaire (mais aussi à Érasme et à Lucien[1]). Épistémon raconte que ceux qui ont vécu riches et puissants en ce bas monde mènent aux Enfers une existence misérable, relégués aux rangs les plus inférieurs de la société. Par exemple, Jules César est « goudronneur de navire » (il passe du goudron sur la coque pour la rendre étanche), le pape Jules II est vendeur « de petits pâtés », etc. À l'inverse, y vivent en grands seigneurs tous ceux que la société humaine a méprisés, c'est-à-dire les philosophes, les sages : François Villon, Diogène, etc. On peut donc dire que, sous un discours comique, se glisse ici l'idée d'une juste rétribution des mérites après la mort.

De même, après le voyage d'Épistémon aux Enfers, Alcofribas effectue un voyage dans la gorge de Pantagruel. Là, il découvre un « nouveau monde ». Rabelais fait allusion aux récits des voyageurs qui, comme Jacques Cartier, découvraient à cette époque le continent américain. Tout en parodiant de tels récits, Rabelais suggère que, en dépit de leurs différences géographiques et culturelles, les

---

1. Sur Lucien de Samosate, voir *infra*, p. 51-52.

hommes sont identiques, car tous créés par Dieu, et qu'ils devraient donc apprendre à mieux se connaître[1].

Une fin purement comique

La fin du roman est surprenante. Alcofribas reprend la parole sur le même ton de bonimenteur que dans le prologue. Il nous promet une suite riche en péripéties dignes des plus invraisemblables récits populaires : comment Panurge fut marié et cocu, comment Pantagruel trouva la pierre philosophale (mythe alchimique d'une « pierre » censée transformer la matière en or), comment il navigua à travers le monde, défit les Cannibales et voyagea sur la Lune, etc. Si Rabelais écrira effectivement d'autres romans, ces promesses ne seront certes pas tenues (du moins pas totalement). Puis, à ceux qui lui reprocheraient d'avoir raconté des balivernes, Alcofribas répond qu'ils ont été bien peu avisés de les lire.

La fin est donc purement comique. Elle détourne les codes habituels, qui exigent un bilan, une morale rétrospective, etc., autrement dit une conclusion *utile*. Or, la fin du *Pantagruel*, qui ne tiendra pas ses promesses, qui déjoue toute utilité finale en accusant les lecteurs d'avoir manqué de lucidité, ne vaut que pour elle-même et les plaisanteries qui y figurent. Elle fait donc penser aux fins arbitraires de certaines comédies de Molière, où les personnages ne font que se pavaner sous les yeux du public. Tout en faisant la synthèse des diverses formes de comique qui se sont déployées dans le roman, la fin du roman renvoie le lecteur à lui-même.

Il s'agit sans doute, plus sérieusement, de laisser le lecteur dégager seul la signification du roman. Cette idée transparaîtra dans le prologue du *Gargantua*.

---

1. Voir lecture analytique 2, p. 101.

RÉSUMÉ ET REPÈRES
POUR LA LECTURE DE *GARGANTUA*

LE « PROLOGUE DE L'AUTEUR »

RÉSUMÉ

L'introduction de l'œuvre, réalisée par la voix d'Alcofribas, comme dans le prologue du *Pantagruel*, annonce deux intentions : il s'agit de divertir le public par le recours à la fantaisie et au grotesque, mais ces histoires «horrifiques» de géants pacifiques cachent aussi une signification philosophique et morale que le lecteur devra découvrir. Rabelais fait ainsi usage d'une analogie avec Socrate pour illustrer le double sens de son œuvre : la difformité extérieure du personnage de Socrate dissimulait une profonde sagesse, et il en est de même du texte de Rabelais. Nous sommes donc invités à «rompre l'os et sucer la substantifique moelle» cachée sous des apparences triviales.

REPÈRES POUR LA LECTURE

La question du sens

Dans le prologue du *Gargantua*, Rabelais invite les lecteurs à réfléchir sur la signification de son roman. Il fait allusion aux méthodes d'interprétation traditionnelles de l'Église, qui oppose deux niveaux de lecture de la Bible : le niveau *littéral* (les faits bibliques sont analysés au premier degré) et le niveau *spirituel* ou *transcendant* (ces faits sont analysés comme des symboles des mystères divins). Avec la métaphore de l'os, dont il faut briser la surface pour découvrir la «substantifique» moelle, Rabelais nous invite explicitement à lire le *Gargantua* «à plus hault sens» (l'adaptation en français moderne dit : «dans le sens transcendant»). L'analogie établie entre le sens de la Bible et celui du *Gargantua* vise évidemment à faire sourire. Mais, replacée dans le contexte général d'une œuvre empreinte des idéaux philosophiques et théologiques de l'humanisme, elle prend davantage d'épaisseur. Elle suggère que le lecteur trouvera dans cette parodie de roman de chevalerie une sagesse inattendue.

Le lecteur comme constructeur du sens

Cependant, comme dans le prologue du *Pantagruel*, Rabelais joue, brouille les pistes, tantôt annonçant un sens caché, tantôt se dissimulant derrière la plaisanterie. Il suggère ainsi que la signification profonde de son œuvre résulte de l'union entre des éléments grotesques et des réflexions profondes, entre la fantaisie et la sagesse. Il invite donc le lecteur à trouver un équilibre entre des contraires et, ce faisant, il le pousse à élaborer lui-même une partie du sens. Mais ce lecteur doit être un «pantagruéliste» : selon la définition du pantagruélisme donnée par le *Tiers Livre*, il doit interpréter tout propos en bonne part, sans y chercher de mauvaise intention. Si le lecteur «bénévole» et charitable réclamé par Rabelais satisfait à cette condition, son interprétation sera toujours pertinente. Dès lors, au-delà du sens du roman, c'est le bon lecteur lui-même qui est défini par toutes les ambivalences de ce prologue.

CHAPITRES 1 À 7
La naissance d'un héros

RÉSUMÉ

Sur un mode burlesque, Alcofribas rappelle qu'il a déjà présenté la liste des ancêtres de Gargantua dans le *Pantagruel*. Il raconte les circonstances de la découverte de cette généalogie, accompagnée d'un texte énigmatique intitulé *Les Fanfreluches antidotées*. Autre mystère : selon Alcofribas, la grossesse de Gargamelle, mère de Gargantua, dura onze mois. Il discute la possibilité d'une aussi longue gestation.

Juste avant la naissance du géant, Gargamelle se goinfre de tripes. La quantité excessive de nourriture provoque son accouchement. Des invités échangent des plaisanteries avant la naissance de Gargantua. Enfin Gargantua naît par l'oreille gauche de sa mère. Ses premiers mots : sont «À boire ! à boire ! à boire !» L'entendant ainsi crier, Grandgousier déclare : «Que grand tu as» (= Gargantua), d'où le nom du géant.

REPÈRES POUR LA LECTURE

Le rire bon enfant

C'est dans cette partie du roman que se manifeste pleinement l'un des aspects du comique rabelaisien. Rabelais cherche souvent à nous faire rire des défauts des hommes : il ridiculise les vaniteux, les méchants, ceux qui pratiquent de mauvaises méthodes pédagogiques, qui font la guerre à leurs voisins, etc. Mais il peut aussi trouver matière à rire dans ce qu'il aime, voire ce qu'il vénère. Il ne s'agit plus, alors, de ridiculiser par la moquerie et la satire, mais de constater qu'il existe de bonnes choses en ce monde, et de se laisser aller à une joie bon enfant. Le rire suscité par les allusions à la naissance du Christ, lors de la venue au monde du géant, peut relever de cette forme de comique.

De même, certaines plaisanteries contenues dans les propos des «bien ivres», réunis pour fêter la grossesse de la géante, reposent sur des connaissances érudites, bibliques ou philosophiques. Elles relèvent elles aussi d'un humour, très pratiqué à l'époque, en particulier dans les sermons des Franciscains (dont Rabelais fit partie), et consistant à aborder avec gaieté certains points complexes du savoir théologique. Considéré sous cet aspect, le début du *Gargantua* décrit un univers dominé par la joie de vivre, avant d'être perturbé par la stupidité des mauvais professeurs puis, surtout, par la guerre picrocholine.

Le goût pour le mystère

L'énigme des *Fanfreluches antidotées* a jusqu'à présent découragé les tentatives d'interprétation. Elle trouvera un équivalent, plus compréhensible, à la fin du roman, sous la forme de l'«Énigme en prophétie» (chapitre 58). Elle annonce aussi le mystère de la naissance du géant (par l'oreille, après une grossesse de onze mois). Ces énigmes manifestent un certain attrait de Rabelais pour le mystère, le double sens, attrait sur lequel il s'explique dans le prologue. Sans doute y a-t-il là un jeu comique sur la notion de double sens, voire une mise en garde contre ceux qui iraient trop loin dans la quête d'un «hault sens» et transformeraient en énigme ce qui n'a pas à l'être.

On notera aussi que les *Fanfreluches* figurent au début du roman, là où, en principe, il faut gagner l'attention du lecteur, piquer sa curiosité. Toujours dans la continuité du prologue, qui définit le lecteur idéal, la fonction de ces «Fanfreluches» peut donc être aussi de décourager les lecteurs peu «bénévoles», c'est-à-dire dépourvus de «bénévolence», de bonne volonté. Cette énigme aurait alors une fonction stratégique dans la dynamique romanesque : elle fonctionnerait comme un seuil, un obstacle destiné à sélectionner les meilleurs lecteurs.

CHAPITRES 8 À 24

La jeunesse du héros

RÉSUMÉ

Rabelais se livre à une longue description, très détaillée, des vêtements de Gargantua. Vient ensuite le récit de l'enfance de Gargantua. Le jeune géant ridiculise deux seigneurs en leur montrant comment jouer avec ses chevaux de bois. Puis il démontre son ingéniosité en inventant le meilleur «torche-cul». Le bon roi Grandgousier est si impressionné par l'intelligence de son fils, qu'il décide de confier son instruction aux hommes censés être les plus savants du royaume. Mais cet enseignement stupide échoue. Grandgousier place alors son fils sous l'autorité de Ponocrates.

Pour parfaire son éducation, Gargantua est envoyé à Paris, sur une jument géante, en compagnie de ses amis. En arrivant, le géant est si scandalisé par l'idiotie des Parisiens, qu'il les noie sous un jet d'urine. Puis il s'empare des cloches de Notre-Dame et en fait des clochettes pour sa jument. Désigné par les Parisiens pour les défendre, un avocat, le prétentieux Maître Janotus de Bragmardo, se rend chez Gargantua et réclame les cloches volées.

Ponocrates, voulant remédier en douceur à l'éducation pitoyable de Gargantua, demande d'abord à ce dernier de continuer à vivre selon ses mauvaises habitudes. Puis commence l'instruction selon les méthodes de Ponocrates, qui s'empresse de «purger» Gargantua de ses habitudes passées. Les journées du géant se succèdent, établies sur un emploi du temps bien rempli, une hygiène rigoureuse, l'exercice physique et l'étude assidue.

REPÈRES POUR LA LECTURE

Un roman humaniste

C'est ici que Rabelais prend ses distances avec les genres du roman populaire et du roman de chevalerie. Sans abandonner totalement ces codes (les chevaux de bois du géant sont un clin d'œil à l'univers chevaleresque, le «torche-cul» et les saucisses de Janotus nous maintiennent dans celui du folklore), il met en place la matière d'un roman plus spécifiquement humaniste. Alternent en effet la satire contre les méthodes rétrogrades que les humanistes reprochaient aux pédagogues scolastiques, et l'apologie d'une éducation érasmienne, plus adaptée à l'éveil de l'élève, et faisant appel autant aux connaissances livresques qu'aux savoirs pratiques.

Une structure antithétique

D'une certaine manière, nous ne quittons pas la mise au point effectuée par Alcofribas-Rabelais dans le prologue. Car nous retrouvons ici un principe esthétique et philosophique mis en place dès ce prologue et qui va structurer tout le *Gargantua* : l'antithèse. Alors que le prologue opposait le sens littéral et le «haut» sens, les chapitres 8 à 24 opposent l'éducation rétrograde et abrutissante des scolastiques à celle, éclairée, des humanistes. Ensuite, la guerre mettra dos à dos Gargantua et Picrochole. Enfin, l'épisode de Thélème montrera une abbaye édifiée au contraire des abbayes habituelles. Même si des irrégularités de construction peuvent être relevées dans le roman, les épisodes se succédant dans une apparente désinvolture, on voit que la figure de l'antithèse fonctionne comme un principe structurant : elle confère une forme d'unité au *Gargantua*.

CHAPITRES 25 À 49

Les prouesses du héros

RÉSUMÉ

La guerre picrocholine débute à cause d'une altercation entre les fouaciers[1] du roi Picrochole, voisin de Grandgousier, et les bergers de Grandgousier. Picrochole déclare la guerre à Grandgousier et envahit certaines de ses terres. L'abbaye de Seuilly est attaquée, mais le moine Frère Jean des Entommeures la défend à lui seul.

En bon roi généreux et pacifiste, Grandgousier se désole de l'attaque de Picrochole. Ulrich Gallet, ambassadeur, se rend chez Picrochole pour le raisonner. Il insiste sur l'amitié ancienne entre

---

1. *Fouacier* : vendeur de fouace, sorte de galette.

Picrochole et Grandgousier et lui demande de quitter les terres occupées. Mais Picrochole réagit négativement à ces propos. Ses généraux avides de richesses et de gloire lui suggèrent de conquérir le monde.

Gargantua quitte Paris pour rejoindre son père. Il noie un grand nombre d'ennemis sous l'urine de sa jument. Au cours d'un festin, il mange une salade où se sont cachés six pèlerins, à qui Grandgousier recommandera de remplir leur devoir religieux en travaillant plutôt que de passer leur vie à faire des pèlerinages. Frère Jean s'intègre parfaitement à la joyeuse troupe.

En route vers les positions ennemies, ils rencontrent les éclaireurs de Picrochole. Frère Jean les poursuit, indifférent à Gargantua qui lui ordonne de ne pas s'éloigner. Son indiscipline fait qu'il est capturé. Mais il ne tarde pas à se débarrasser de ses gardes. Il fait prisonnier Toucquedillon, un général de Picrochole. Le géant renvoie le prisonnier chez lui en lui conseillant de ramener Picrochole à la raison. Libéré, Toucquedillon recommande de faire la paix mais Picrochole ordonne son exécution immédiate. Les troupes de Gargantua attaquent la ville des ennemis. C'est Frère Jean qui mène les «gargantuistes» à la victoire.

REPÈRES POUR LA LECTURE

Une épopée comique

L'épisode de la guerre picrocholine exploite les codes de l'épopée et du roman de chevalerie. Il met en scène un univers de la prouesse, de la «générosité» au sens chevaleresque du terme (goût du risque, don de soi au service du royaume), mais aussi de la démesure : c'est à cette occasion que le gigantisme de Gargantua, pas toujours respecté dans le roman (les géants rabelaisiens sont «à géométrie variable»), retrouve ses origines folkloriques (quand le géant avale les pèlerins, par exemple). Le mélange de ces divers codes crée des contrastes destinés à susciter le rire.

Une vision humaniste du héros guerrier

Mais cet épisode est aussi dans la continuité du précédent, consacré à l'éducation du géant : sa formation ayant porté autant sur l'éducation de l'esprit que sur celle du corps, la guerre fournit à Gargantua l'occasion d'expérimenter concrètement les leçons de son maître d'armes Gymnaste. On peut donc dire que la guerre n'est pas totalement coupée de l'épisode éducatif : l'expérimentation, la réalisation concrète des savoirs abstraits faisait partie de la pensée humaniste.

D'une façon plus précise, la guerre picrocholine est fréquemment l'occasion de délivrer des discours empreints de sagesse humaniste, comme les paroles de Grandgousier contre la superstition et les moines fainéants, ou celles de Gargantua aux vaincus, le montrant en prince équitable. La démesure comique est donc aussi une manière attrayante de présenter au lecteur certains idéaux.

CHAPITRES 50 À 58

Après la guerre

RÉSUMÉ

La guerre terminée, Gargantua prononce un discours généreux. Il libère tous les prisonniers, à l'exception de Marquet, chef des fouaciers. Après un festin, il récompense ses fidèles en leur distribuant des présents de toutes sortes. Pour Frère Jean, il fera bâtir l'abbaye de Thélème, conçue à l'inverse des abbayes habituelles : il n'y aura ni murs, ni heures, on y vivra en toute liberté.

La somptuosité de l'abbaye est longuement décrite. Les vers inscrits «sur la grande porte de Thélème» interdisent l'accès de l'abbaye aux vieux, aux laids, aux malhonnêtes et aux hypocrites, et font bon accueil à la beauté, à la franchise et à la joie. L'abbaye sera aussi le lieu de prédication de la «parole sainte» de l'Évangile.

La liberté convient aux Thélémites, car leur nature exceptionnelle les empêche d'en abuser.

Le chapitre final présente une nouvelle énigme, en vers, trouvée dans les fondations de l'abbaye. Elle paraît annoncer des catastrophes à venir suivies du salut des élus. Gargantua y voit une représentation de la fidélité à l'Évangile récompensée après les persécutions. Frère Jean, plus prosaïque, y lit la description codée du jeu de paume.

REPÈRES POUR LA LECTURE

Un hymne à la liberté

Le nom de Thélème (en grec : «libre volonté»), la devise des Thélémites («Fais ce que tu voudras»), l'absence de murs autour de l'abbaye, etc., tout montre que celle-ci est un espace de liberté. Après la rigidité de la méthode éducative des mauvais professeurs, puis la menace de tyrannie que Picrochole a fait peser sur le royaume, cette liberté prend, à la fin du roman, tout son sens : on peut dire qu'elle a été conquise de haute lutte. Le personnage de Frère Jean, moine énergique et farouchement indépendant, devient le symbole de cette liberté, qui est tout autant liberté d'action que liberté de pensée.

Une utopie

Cette conquête de la liberté résonne, bien entendu, comme un écho douloureux des obstacles, voire des persécutions, que l'idéologie scolastique dominante, représentée par la puissante Faculté de Théologie (dont sont issus les professeurs Tubal Holoferne et Jobelin Bridé, puis Janotus de Bragmardo), infligeait aux humanistes à l'époque du *Gargantua*. Il est donc aussi permis de voir dans cette belle – sans doute trop belle, car ne s'y ennuierait-on pas ? – abbaye une utopie, un lieu imaginaire de perfection, rêvé par un Rabelais las de la censure que la puissante Faculté de Théologie, à laquelle le roi ne pouvait pas toujours s'opposer, faisait peser sur les humanistes.

DEUXIÈME PARTIE

Problématiques essentielles

1 | Le contexte historique de la Renaissance

L'œuvre de Rabelais est à la fois profondément influencée par son époque et très représentative des idées de son temps. La première moitié du XVIe siècle est une période de changement désignée par le terme de *Renaissance*. La Renaissance, phénomène européen, est avant tout un mouvement de retour à l'Antiquité classique[1] et de rupture avec le Moyen Âge[2]. Elle se présente ainsi comme un âge de lumière mettant fin aux ténèbres d'ignorance du Moyen Âge[3]. Celui-ci est en effet considéré par les hommes de la Renaissance comme une période d'éclipse de la philosophie et de barbarie des mœurs. Cette vision est injuste : elle ignore ou sous-estime, par exemple, la richesse de la théologie et de la philosophie des XIIIe et XIVe siècles. Elle oublie aussi les merveilles architecturales que sont les grandes cathédrales gothiques et le charme des romans de chevalerie.

Quoi qu'il en soit, cette vision négative nous permet de mieux comprendre l'enthousiasme des intellectuels de la Renaissance. Cet enthousiasme pour le renouveau du savoir se manifeste par l'extension du monde connu et par le retour aux sources culturelles antiques.

---

1. L'Antiquité couvre une période de plus de mille ans qui s'étend jusqu'à la chute de l'Empire romain en 476 apr. J.-C. L'expression désigne surtout la Grèce classique de l'époque de Socrate, et Rome.
2. Le Moyen Âge fait suite à l'Antiquité et se termine au XVe siècle.
3. Voir lecture analytique 1, p. 94.

L'EXTENSION DU MONDE CONNU [1]

Au Moyen Âge, la vision du monde reposait sur les idées héritées de Ptolémée[2] et d'Aristote[3]. Selon cette vision, le monde était un tout ordonné par l'intelligence supérieure de Dieu. Dans le cosmos, l'homme occupait une place centrale en tant que seul être doué d'une intelligence totale et, selon le christianisme, en tant que créature faite à l'image de Dieu.

Les grandes découvertes

Au Moyen Âge, le monde se limitait géographiquement au bassin de la Méditerranée. Malgré quelques contacts épisodiques avec l'Inde et l'Extrême-Orient dans l'Antiquité, et à la fin du Moyen Âge avec les voyages de Marco Polo, le monde connu ne comprenait, en fait, que les contrées de l'ancien Empire romain.

Les grandes découvertes résultant des voyages de navigateurs comme Vasco de Gama (1469-1524), Christophe Colomb (1451-1506) et Amerigo Vespucci (1454-1512), vont élargir et ouvrir les limites du monde connu. La découverte du continent américain met l'Occident en contact avec d'autres cultures, dites indiennes. Ce nom fut donné par erreur aux indigènes américains parce que Christophe Colomb s'imaginait avoir abordé les rivages de l'Inde. De nouvelles questions morales et philosophiques vont apparaître face à ces cultures à christianiser et à «civiliser». Ces terres nouvelles suscitent ainsi des interrogations sur la nature de l'homme et sur la notion de civilisation, comme on le verra, par exemple, chez Montaigne. De telles questions peuvent déboucher, comme chez l'auteur des *Essais*, sur une sorte de relativisme culturel : l'idée se répand que les valeurs culturelles ne sont que des coutumes où il serait erroné de chercher des supériorités absolues.

---

1. Voir lecture analytique 2, p. 101.
2. Astronome alexandrin du IIe siècle qui voyait la terre comme le centre de l'univers : c'est ce qu'on appelle le *géocentrisme*.
3. Philosophe grec du IVe siècle av. J.-C. Un des pères de la philosophie occidentale.

Vers un univers infini

Parallèlement, le système astronomique de Copernic (1473-1543) commence à être admis malgré sa condamnation par l'Église. Posant le soleil au centre de notre univers, le système copernicien remet en question la représentation traditionnelle du monde qui faisait autorité depuis l'Antiquité : l'univers n'est plus un ordre dont la terre est le centre.

Des conséquences capitales en résulteront concernant la place de l'homme dans l'univers et sa relation à Dieu. Une certaine indépendance de l'homme vis-à-vis de l'ordre divin n'est pas la moindre de ces conséquences. Certes, il serait parfaitement faux de considérer la Renaissance comme une période de rupture avec la religion, car la plupart des secteurs de la pensée et de l'activité humaines restent profondément pénétrés de conscience religieuse. Néanmoins, il est juste de dire que la nouvelle vision du monde qui se met en place tend à mettre l'accent sur l'homme, sur sa liberté, sur ses possibilités créatrices et sa confiance dans la nature.

LE RETOUR AUX SOURCES ANTIQUES

À côté de cette ouverture du monde connu, l'époque de Rabelais se définit par le retour aux sources de la culture occidentale. Il s'agit surtout de la Grèce classique du VIe au IVe siècle avant Jésus-Christ.

L'étude des langues anciennes

La chute de Constantinople[1], prise par les Turcs en 1453, provoque en Occident un afflux de savants fuyant les envahisseurs et de documents relatifs à l'Antiquité. Cet afflux va nourrir un désir de traduction et d'étude des œuvres antiques. Les humanistes sont

---

1. Constantinople (dans l'Antiquité, Byzance et aujourd'hui Istanbul, en Turquie) était l'intermédiaire ou le passage entre l'Occident européen et l'Orient asiatique. D'où son importance culturelle et stratégique : c'était un lieu d'échanges intellectuels et artistiques mais aussi une ville convoitée par les puissances politiques et militaires du temps.

ainsi d'abord des traducteurs et des érudits en matière de langue, comme Guillaume Budé, Jacques Amyot ou François Rabelais lui-même. De fait, la langue grecque était restée fort peu connue au Moyen Âge. En dehors de l'usage du latin comme langue d'Église, éducative et intellectuelle, on s'intéressait alors assez peu à l'apprentissage des langues. En revanche, le XVIe siècle connaît une véritable soif de savoir linguistique. À côté du grec, l'hébreu et l'arabe font l'objet d'une étude assidue de la part des humanistes. Nous en trouverons des échos dans *Pantagruel*, où Gargantua écrit à son fils qu'il souhaite le voir apprendre «les langues parfaitement», mentionnant «premièrement la grecque», «la latine», «et puis l'hébraïque pour les saintes lettres, et la chaldaïque et arabique pareillement» (*Pantagruel*, chap. 8). Le Collège des lecteurs royaux, fondé en 1530 par François Ier et indépendant de la Sorbonne dominée par l'Église, assure l'enseignement du grec et de l'hébreu. Cet intérêt pour les langues n'ira pas sans opposition. La Sorbonne, en particulier, y voit un ferment de rébellion culturelle vis-à-vis de son autorité et tentera de faire interdire l'enseignement du grec. En effet, cette étude peut permettre, par exemple, la lecture du Nouveau Testament dans le texte originel. L'autorité de la Sorbonne en matière de religion peut ainsi être contestée.

Le contact avec les textes

Cet enthousiasme linguistique n'est pas une fin en soi. Il s'agit, par le recours aux langues anciennes, d'étendre et d'approfondir la connaissance des textes de l'Antiquité. Un tel projet est fondé sur l'idée que le Moyen Âge a constitué une période d'oubli et d'ignorance : ce sont les «temps gothiques», fustigés par Rabelais et les humanistes. En s'ouvrant à l'Antiquité, l'humanisme veut retrouver la source vive de la vie intellectuelle. La lecture des textes grecs, hébreux et latins originaux est ainsi une façon de rejeter les commentaires traditionnels. Au Moyen Âge, en effet, ces commentaires élaborés sous l'autorité de l'Église étaient préférés à l'étude des textes originaux.

L'HUMANISME :
UNE PHILOSOPHIE DE L'HOMME

▎Qu'appelle-t-on « humanisme » ?

Aujourd'hui, le terme d'*humanisme* désigne une attitude philosophique qui exalte la valeur de l'homme et défend ses droits ; cet humanisme contemporain est le plus souvent indépendant de la religion ou même opposé à elle. Mais le terme a connu une destinée si riche et pris des sens si différents depuis la Renaissance qu'il convient de le définir soigneusement. Il se rapporte étymologiquement au latin *humanitas*, et implique par là le souci d'une culture qui développe l'humanité de l'homme aussi profondément et totalement que possible. L'accent y est mis sur les lettres en tant que moyen d'une formation culturelle synonyme d'humanité véritable. Mais cet humanisme n'est pas seulement une érudition, c'est aussi et peut-être avant tout une sagesse morale.

▎Les caractéristiques de l'humanisme au XVIe siècle

La particularité du christianisme humaniste est sa confiance dans la nature et dans la bonté de l'homme. Il se sépare ainsi de la vision pessimiste de la nature humaine léguée par saint Augustin au Moyen Âge. Selon Érasme, maître à penser de l'humanisme, ce n'est pas la nature de l'homme qui est mauvaise, mais l'éducation qu'il reçoit et la culture qui résulte de ses contacts avec ses semblables.

L'humanisme cherche donc à restaurer cette nature fondamentalement bonne par l'éducation et une morale raisonnable et modérée.

L'ÉVANGÉLISME

Qu'appelle-t-on « évangélisme » ?

Comme le protestantisme (ou la Réforme) dont nous parlerons plus loin, l'évangélisme est une critique des excès de l'Église. Mais à la différence des protestants comme Luther (1483-1546) et Calvin (1509-1564) qui forment de nouvelles Églises, les évangélistes restent dans l'Église catholique. Bien que fidèles à Rome, siège du pape, les évangélistes critiquent certaines des pratiques de l'Église. On peut citer, par exemple, la pratique des indulgences et la corruption de certains ordres monastiques. Les indulgences sont des pardons accordés par l'Église, en particulier des réductions de peine de purgatoire en échange d'argent ou de services rendus à l'Église. Les ordres monastiques, comme celui des franciscains, sont souvent critiqués depuis le Moyen Âge. Une tradition remontant au Moyen Âge considère – à tort ou à raison suivant les cas – les moines comme paresseux, vicieux et parasites. Marguerite de Navarre, sœur de François Ier, et amie de Rabelais, présentera ainsi un portrait extrêmement critique des moines dans son recueil de nouvelles, l'*Heptaméron* (posth. 1559).

Au total, ce qui est reproché par les évangélistes à l'Église romaine du temps, c'est d'être trop éloignée de l'inspiration de l'Évangile.

L'évangélisme et l'humanisme

Comme les humanistes, les évangélistes participent au mouvement de retour aux textes originaux de la Bible. Ce qu'un Amyot ou un Budé ont réalisé pour la littérature grecque de l'Antiquité, Lefèvre d'Étaples le réalise pour la Bible en donnant, en 1530, une traduction française de l'Écriture sainte. En traduisant la Bible, il s'agit, bien sûr, de la rendre accessible aux fidèles. Mais il s'agit aussi et surtout de rompre avec la vision traditionnelle, pour laquelle la lecture de l'Écriture doit être complétée et éclairée par la tradition, c'est-à-dire les écrits théologiques des Pères de l'Église comme saint Augustin. L'Église voit dans la traduction de la Bible un danger d'anarchie et de subversion de son autorité spirituelle. La libre interprétation des textes pourrait en effet donner lieu à toutes sortes d'hérésies. La Sorbonne, championne de l'autorité de l'Église, condamne tout ce qui va dans ce sens.

Les évangélistes y voient, au contraire, la garantie de l'exercice de l'esprit critique et d'une méditation approfondie des Écritures. François Ier, un moment réceptif aux thèmes évangélistes partagés par sa sœur Marguerite, devra pourtant, à partir de 1534, exercer une répression contre le mouvement. C'est «l'affaire des placards» qui mettra le feu aux poudres, lorsque des affiches contre la messe catholique sont placées jusque sur la porte de la chambre du roi, au château d'Amboise. Dès lors, après le règne de François Ier, la persécution des «hérétiques» deviendra une triste réalité, dont la nuit de la Saint-Barthélemy (1572), au cours de laquelle sont massacrés des milliers de protestants, est l'exemple le plus tragique.

LA RÉFORME

Qu'appelle-t-on « Réforme » ?

Malgré certains soucis communs, l'évangélisme et la Réforme diffèrent. Les évangélistes et sympathisants comme Rabelais ne se sépareront jamais de l'Église. Il ne s'agira pour eux que de revivifier cette dernière par un nouveau souffle évangélique.

C'est le moine allemand Luther (1483-1546) qui sera, au contraire, le principal instigateur de la Réforme. Son désir de réformer l'Église et de revenir aux sources du christianisme aura comme conséquence la rupture brutale avec Rome. Luther est condamné par l'Église. Sa prédication rencontrera un immense écho en Allemagne du Nord et bientôt dans toute l'Europe du Nord.

La Réforme et l'humanisme

En France, c'est surtout l'influence d'un autre réformé, Jean Calvin (1509-1564), qui se fera sentir. Proche des milieux humanistes et évangélistes, et donc suspect, il doit quitter la France. Il se réfugiera d'abord à Bâle puis à Genève, dont il deviendra bientôt le guide spirituel. Son ouvrage, l'*Institution chrétienne*, insiste sur la corruption de la volonté humaine depuis la chute[1] et sur la doctrine de la prédestination. Cette doctrine enseigne que le salut n'est pas le résultat des mérites de l'homme, mais du choix de Dieu qui n'accorde sa grâce qu'aux élus.

La Réforme et l'humanisme ont en commun une méfiance vis-à-vis de l'autorité de l'Église et un souci d'examen critique des textes. Pourtant, l'humanisme et la Réforme aboutissent en définitive à des conclusions totalement opposées : l'un met l'accent sur la confiance dans l'homme et la nature, l'autre souligne au contraire la profonde corruption de l'homme par le péché. Nous trouverons chez Rabelais, plus proche du premier point de vue, des échos de ces deux tendances.

---

1. En théologie, la *chute* est la punition d'Adam et Ève après leur désobéissance à Dieu.

2 | Le genre du *Pantagruel* et du *Gargantua*

L'œuvre de Rabelais ne se réduit pas à un genre unique, le roman. Elle repose sur des catégories et des normes variées. Certaines sont traditionnelles et connues de tous, comme le roman de chevalerie. D'autres sollicitent l'attention de lecteurs savants, comme les satires de Lucien de Samosate. En outre, Rabelais ne se contente pas d'imiter un genre, il le parodie[1] également. C'est cette conjonction des genres qui fait la richesse et l'originalité du *Pantagruel* et du *Gargantua*.

RABELAIS ET LE GENRE ROMANESQUE

Le roman du XIIe au XIVe siècle

Le mot *roman*, qui date du XIIe siècle, est issu du latin *romanice*. Il désigne d'abord la langue commune parlée à l'époque dans le Nord de la France, par opposition au latin, qui était la langue écrite et savante. Le français est ainsi une langue «romane». C'est par une extension de sens que le terme *roman* désigne, toujours au XIIe siècle, un récit versifié, écrit non en latin mais en langue romane, et adapté d'œuvres célèbres de la littérature latine. Citons parmi les plus célèbres le *Roman de Thèbes* (1150, adapté de la *Thébaïde* de Stace) et le *Roman d'Énéas* (1160, adapté de l'*Énéide* de Virgile). Les spécialistes nomment ce genre *roman antique*.

Mais, à cette époque, le mot *roman* ne désigne pas uniquement

---

1. *Parodie, parodier*, voir note 1, p. 105.

un récit. Il peut aussi s'appliquer à des traités allégoriques (qui représentent ou personnifient des abstractions, des concepts philosophiques ou moraux, etc.) comme, par exemple, le *Roman des ailes de courtoisie* (XIIIe siècle), où chaque plume d'aile représente une vertu.

Ensuite, du XIIe au XIVe siècle, se développe le *roman arthurien*, qui adapte des légendes celtes, en particulier celles du roi Arthur et du Graal. Par exemple, *Le Chevalier de la charrette* (XIIe siècle) de Chrétien de Troyes narre les aventures de Lancelot, chevalier à la cour d'Arthur. Ce roman se nomme aussi *roman courtois*. Le mot *courtoisie*, dérivé de *cort*, «la cour» (du roi), désigne un système de valeurs en vogue dans les cours de l'époque, reposant sur le raffinement, le savoir-vivre, et accordant une place importante à la femme et à la culture.

Le roman de chevalerie

Puis le genre va s'élargir. Les récits ne se limitent plus au seul univers de la Bretagne et de la cour du roi Arthur. Ils portent sur les exploits de différents chevaliers évoluant dans divers pays d'Europe. On appelle ce genre le *roman de chevalerie*, lequel connaîtra un grand succès du XIIe au XVIe siècle. Son plus célèbre représentant est certainement l'*Amadis*, roman portugais du XIVe siècle, adapté en espagnol puis en français au XVIe siècle, narrant les exploits du chevalier Amadis.

En même temps que naissent de nouveaux genres, la notion de *roman* évolue. Progressivement, elle finit par ne plus s'appliquer qu'à des œuvres narratives, généralement en prose. C'est au XVIe siècle, avec le succès des romans de chevalerie, que s'impose la conception moderne du roman avec ses quatre critères fondamentaux : une œuvre d'imagination, en prose, faisant vivre des personnages, dont on fait connaître les actions et la psychologie. Le *Pantagruel* et le *Gargantua* correspondent à ces critères.

Pantagruel et Gargantua, des romans de chevalerie

Le *Pantagruel* et le *Gargantua* obéissent à un double objectif : imiter les romans de chevalerie afin de séduire un large public, mais aussi les parodier, pour susciter un comique à plusieurs niveaux. La page de titre du *Pantagruel* ne laisse aucun doute aux lecteurs du XVIe siècle. Elle annonce les «faits et prouesses épouvantables» du «roi» Pantagruel. Les mots *faits*, *prouesses* et *roi* indiquent bien qu'il s'agit d'un roman de chevalerie.

On y retrouve le schéma habituel des romans de chevalerie, presque toujours construits en trois parties. La première fait en principe le récit de la naissance du héros, accompagnée d'événements fabuleux expliquant le caractère exceptionnel du personnage. Rabelais fait de même. Il associe à la naissance des géants certains faits «étranges» (voir le titre du chapitre 6 du *Gargantua* : «Comment Gargantua naquit d'une façon bien étrange») : pour Gargantua, l'enfantement par l'oreille de Gargamelle ; pour Pantagruel, un cataclysme cosmique (*Pantagruel*, chap. 1).

La deuxième partie des romans de chevalerie est traditionnellement consacrée à l'enfance du héros. Elle se retrouve dans nos deux romans. La particularité de Rabelais est de s'attarder bien plus que de coutume sur cet épisode obligé. Précisons que, avant Rousseau, la littérature s'intéresse peu à l'enfance. Si Rabelais innove sur ce point, en décrivant longuement la formation des géants, c'est parce que cette étape lui permet d'exposer ses théories sur l'éducation, souci fondamental pour tout humaniste.

La troisième partie est traditionnellement celle des exploits du héros. Chez Rabelais les géants ont – conformément aux règles du genre – des adversaires (Anarche contre Pantagruel, Picrochole contre Gargantua), des auxiliaires (Panurge, Frère Jean, etc.), ils défendent leur royaume et remportent la victoire. C'est en suivant fidèlement l'organisation de cette partie que Rabelais multiplie les allusions parodiques. Notamment, il reproduit des formules habituelles des romans de chevalerie, mais dans un contexte comique. Le chapitre 42 du *Gargantua* commence par cette citation de roman : «À présent les nobles champions s'en vont vers l'aventure». Or, la suite montre Frère Jean voulant «plumer comme des canards» les ennemis, projet peu digne d'un homme d'Église dans l'univers ordinaire de la chevalerie. La formule est ainsi détournée vers la parodie.

Nous pouvons donc dire que le *Pantagruel* et le *Gargantua* sont les héritiers fidèles d'un genre romanesque ayant subi de nombreuses évolutions. Mais si Rabelais se conforme aux attentes du public, c'est aussi pour mieux les déjouer afin de proposer une vision comique des codes de l'univers chevaleresque.

L'ÉPOPÉE RABELAISIENNE

Roman et épopée

Le genre romanesque, dès les débuts de son histoire, s'est situé dans la continuité de l'épopée, genre poétique de l'Antiquité célébrant la gloire d'un héros, d'une nation, etc., où les exploits héroïques se mêlent souvent à des phénomènes surnaturels. La plus célèbre des épopées est l'*Iliade*, d'Homère. Le XVIe siècle, sous l'influence de Ronsard, essaiera d'inventer une épopée à la française pour concurrencer la vogue des romans, jugés trop futiles. Les amis de Ronsard (regroupés sous le nom de «Pléiade») trouvèrent ainsi des modèles épiques dans les romans de chevalerie : Joachim Du Bellay, dans la *Défense et illustration de la langue française* (1549) réclame une épopée française qui soit une «admirable *Iliade*», inspirée de «ces beaux vieux romans français, comme *Lancelot*». Mais l'épopée de Ronsard, *La Franciade* (1572), est un échec. Le roman s'impose finalement comme seul genre narratif en gagnant un public sans cesse plus large. L'épopée, quant à elle, tomba progressivement en déclin en se cantonnant dans le genre poétique, réservé aux seuls lettrés.

L'épopée des géants

Mais le *Pantagruel* et le *Gargantua* sont aussi des œuvres de lettré, capables de plaire à un public cultivé. S'ils s'inspirent du roman de chevalerie, ils ne perdent pas pour autant de vue le modèle épique. Certaines caractéristiques des épopées antiques se retrouvent chez Rabelais. Ainsi, traditionnellement, le héros principal est accompagné d'un ami fidèle : dans l'*Iliade* d'Homère, Patrocle est l'ami d'Achille ; dans l'*Énéide* de Virgile, Achate est le compagnon dévoué d'Énée. Frère Jean et surtout Panurge ont des rôles similaires vis-à-vis des géants. Rabelais établit clairement l'analogie entre l'amitié épique traditionnelle et celle de ses personnages lorsque Pantagruel dit à Panurge : «Vous et moi, nous ferons une nouvelle paire d'amis comme celle d'Énée et d'Achate» (*Pantagruel*, chap. 9).

Une autre caractéristique des épopées antiques est leur liberté de composition. Elles s'écartent facilement du sujet car, traditionnellement, l'épopée est considérée comme un genre total, capable de tout aborder. Le poète épique apparaît ainsi comme un savant parfait : maître de toutes les connaissances, il peut se laisser aller à des digressions où il exposera son savoir philosophique, littéraire, technique, politique, etc. Rabelais procède de la même façon : il ne craint pas de rompre le fil de sa narration pour digresser. On comprend donc pourquoi le narrateur Alcofribas, au moment de relater le combat entre Pantagruel et Loup-Garou, invoque Calliope, la muse de l'épopée : «Ô ma muse, ma Calliope, ma Thalie, inspire-moi maintenant» (*Pantagruel*, chap. 28). Il faut cependant remarquer l'invocation à Thalie, muse des banquets : la parodie n'est jamais loin.

Une épopée christique

Les spécialistes de Rabelais ont toutefois montré qu'une épopée sérieuse coexiste avec l'épopée parodique. Pantagruel, au fil des romans, deviendrait un héros épique semblable à un nouveau

Christ défenseur de l'Évangile. On remarquera par exemple que la liste des aïeux de Pantagruel (*Pantagruel*, chap. 1) compte soixante et une générations avant le géant, soit une de moins que dans la généalogie du Christ. On peut donc penser que le géant joue le même rôle que Jésus : rétablir la charité après le crime originel (ce crime, perpétré par Caïn qui tue son frère Abel, figure au début du chapitre 1 du *Pantagruel*). Le *Pantagruel* serait alors le premier épisode d'une épopée christique, relatant les exploits d'un héros combattant le Mal sur terre.

En d'autres termes, si Rabelais détourne les codes de l'épopée comme il a détourné ceux du roman de chevalerie pour en proposer une interprétation comique, ce modèle de narration lui permet de proposer une vision très sérieuse, voire grave, du monde.

RABELAIS ET LES RÉCITS POPULAIRES

Les romans rabelaisiens ne se contentent pas d'imiter les romans de chevalerie. Ils comportent une part importante de culture populaire, constituée d'emprunts aux traditions folkloriques orales et aux livrets qui se vendaient durant les foires.

La récupération des sources folkloriques

On appelle *folklore* l'ensemble des traditions et des mythes populaires d'un pays ou d'une région. Rabelais exploite des thèmes folkloriques célèbres, notamment celui de l'avalage (des personnages sont avalés par un géant, ils connaissent dans sa bouche toutes sortes d'aventures, puis ils sont recrachés) dans le chapitre 32 du *Pantagruel*[1], ainsi que dans le chapitre 38 du *Gargantua*, où le géant « mange six pèlerins en salade ».

Toutefois, la plupart du temps, Rabelais modifie la tradition folklorique à son profit. C'est notamment le cas avec Pantagruel,

---

1. Voir lecture analytique 2, p. 101.

personnage du folklore breton. À l'époque, les lecteurs le connaissent comme un diablotin qui s'amuse à jeter du sel dans la bouche
des ivrognes endormis afin d'assécher leur gosier et leur donner
envie de recommencer à boire. L'association de ce personnage et
du sel est conservée dans le *Pantagruel*, aux chapitres 6 et 28.
Mais Rabelais transforme le diablotin en géant. Pantagruel est
donc un personnage à la fois traditionnel et propre à l'univers
rabelaisien.

La composition des romans rabelaisiens témoigne elle aussi de
ce détournement des traditions folkloriques. Un roman est en principe doté d'une structure forte, d'une organisation intérieure
savamment calculée. À l'inverse, un récit folklorique admet une
grande liberté dans l'agencement de ses éléments. On peut expli-
quer de cette manière certaines libertés de composition chez
Rabelais. Mais, dans l'ensemble, les récits rabelaisiens intègrent
les éléments du folklore dans des structures plus travaillées que
celles du conte[1].

Les emprunts aux chroniques populaires

Au début du prologue du *Pantagruel*, Alcofribas renvoie le lecteur aux «Grandes et Inestimables Chroniques de l'énorme géant
Gargantua». Les *Chroniques* en question sont un ouvrage anony-
me de littérature populaire, essentiellement vendu par des mar-
chands ambulants lors des foires, et mettant en scène sans grande subtilité le géant folklorique Gargantua, le roi Arthur et Merlin
l'Enchanteur. Pour quelle raison Rabelais, humaniste érudit, rat-
tache-t-il son œuvre à de tels récits ? Probablement pour profiter
de leur succès auprès du public : ce sont les *Chroniques* qui ont
mis à la mode le personnage du géant. Probablement aussi pour
en exploiter les caractéristiques comiques, de manière à élargir au
maximum l'étendue des procédés capables de susciter le rire.

---

1. Voir problématique 3, «Une structure cachée», p. 58-59.

Mais un humaniste érasmien, épris de culture savante et convaincu des hautes vérités des Évangiles, ne pouvait pas admettre certaines inepties et impiétés de la littérature populaire. Rabelais nous le fait comprendre à de nombreuses reprises. Par exemple, au moment où Épistémon veut raconter les aventures du chevalier Perceforêt et du géant Morgant, deux héros de la littérature populaire, le sage Pantagruel lui demande de remettre cette narration «à une autre fois», montrant ainsi son peu de goût pour de telles histoires (*Pantagruel*, chap. 30). De même, pour connaître ce qui arriva à son ancêtre Geoffroi, fils de Mélusine, célèbre fée de la littérature populaire, le géant ne se contente pas d'écouter les récits folkloriques qu'on lui conte : il veut s'«en enquérir plus amplement». Le texte original de Rabelais insiste à ce moment-là sur le mot *raison* : «j'en feray ce que de raison» (chap. 5). La raison est en effet ce qui manque au peuple lorsqu'il écoute les récits tirés des contes populaires : Gargantua punit «le peuple de Paris» en lui «pissant» dessus, lorsqu'il découvre combien ce peuple est «sot, badaud et stupide», au point qu'il préfère écouter un «bateleur[1]» plutôt qu'«un bon prédicateur évangélique» (*Gargantua*, chap. 17).

Il ne faut donc pas surestimer l'importance de la culture populaire chez Rabelais : elle est utile à l'élaboration d'un roman comique, mais elle est souvent dénoncée à cause de ses impiétés et de ses contes à dormir debout, que le peuple préfère aux vérités philosophiques et historiques.

LES SATIRES DE LUCIEN

Pour réfléchir sur le genre romanesque, Rabelais s'inspire aussi du grec Lucien de Samosate (125-192), auteur de satires[2] sur la

---

1. *Bateleur* : personne se produisant dans les foires ou sur les places et amusant le public par ses bouffonneries.
2. *Satire* : texte critique ou polémique, dénonciation fondée sur la dérision, la moquerie.

société de son époque, très apprécié des humanistes de la Renaissance pour sa sagesse philosophique empreinte de fantaisie. Nombre de caractéristiques du *Pantagruel* et du *Gargantua* sont ainsi d'amusantes allusions aux techniques romanesques que Lucien critique chez les mauvais auteurs parce qu'elles sont inutiles à l'action : listes interminables (celles des jeux de Gargantua, des livres de l'abbaye de Saint-Victor, ou des damnés dans le chapitre 30 du *Pantagruel*), insistance sur les détails (le procès de Baisecul et Humevesne est relaté dans son intégralité dans les chapitres 9 à 13 du *Pantagruel*). Ainsi Rabelais multiplie-t-il les clins d'œil aux humanistes lecteurs de Lucien, faisant de ses romans des textes à sens multiples, à l'usage des lettrés.

▌Le roman entre mensonge et vérité

Sous l'influence de Lucien, Rabelais réfléchit surtout aux rapports entre la fiction et la vérité. Pour Lucien, les poètes et les romanciers sont des menteurs. L'auteur a donc le droit de mentir. Ainsi, dans le prologue du *Pantagruel*, le narrateur Alcofribas, évoquant le récit qu'il s'apprête à faire des prouesses de Pantagruel, assure :

> Il ne m'est jamais arrivé de mentir, ou d'assurer quelque chose qui ne fût pas véritable. J'en parle comme un gaillard onocrotale[1], que dis-je même, comme un crotte-notaire[2] des amants martyrs, et croque-notaire des amours.

Le jeu absurde sur le langage qui suit cette déclaration de sincérité met en doute la véracité des faits qui vont être relatés. La fiction rabelaisienne est donc comiquement située quelque part entre mensonge et vérité.

---

1. *Onocrotale* : pélican.
2. *Crotte-notaire* : jeu sur *protonotaire*, rang élevé dans la hiérarchie ecclésiastique.

L'art de l'allusion

Cette question est d'autant plus importante que Rabelais retient une autre leçon de Lucien : l'art de l'allusion. Derrière chaque nom, chaque situation, il est possible de lire une allusion à des noms ou à des événements authentiques. Un exemple parmi bien d'autres : Picrochole, le tyran contre lequel Gargantua part en guerre, serait le portrait de Charles Quint, critiqué pour ses prétentions à dominer le monde. Il faut donc savoir retrouver le vrai et l'interpréter, parfois dans toute sa gravité, sous les plaisants mensonges de la fiction rabelaisienne.

Le modèle des satires de Lucien permet à Rabelais d'organiser ses romans selon un jeu subtil entre le vrai et le faux, suivant une tradition typique des humanistes, qui aiment évoquer les problèmes sérieux sur un mode léger et déroutant, afin de mieux pousser le lecteur à la réflexion.

On aura compris que Rabelais ne se conforme pas aux règles d'un seul genre dans l'écriture du *Pantagruel* et du *Gargantua*. Il mélange les références, souvent sur un mode parodique, afin de créer une œuvre originale, où coexistent le comique et le grave, les références savantes et la culture populaire. Son univers romanesque élargit ainsi considérablement l'imaginaire des genres dont il s'inspire. Le lecteur se trouve alors confronté à toutes sortes de possibilités interprétatives, concernant des aspects très nombreux de la pensée de l'époque : philosophie, théologie, morale... On peut donc dire du *Pantagruel* et du *Gargantua* qu'ils sont des «romans humanistes», dans la mesure où ils présentent la conjonction de genres variés, qu'ils mettent au service d'une pensée.

3 | Structure de l'œuvre

GARGANTUA ET *PANTAGRUEL*

Chronologie

Il faut d'abord faire remarquer que *Gargantua* et *Pantagruel*, racontant respectivement les aventures du père et du fils, sont en fait parus dans l'ordre inverse, puisque *Pantagruel* paraît en 1532 et *Gargantua* en 1534. Cette chronologie n'est pas sans importance. En effet, un examen attentif des œuvres nous révèle que *Gargantua* présente dans l'ensemble des idées et des perspectives plus élaborées et plus approfondies. *Pantagruel* est en ce sens plus proche des récits de géants de la tradition populaire que ne l'est *Gargantua*. Dans ce dernier, les vues philosophiques ou morales prennent une importance plus grande.

Différences d'accent

On perçoit cette différence si l'on considère la longueur des développements sur l'éducation donnés par Ponocrates dans *Gargantua*. Ce développement ne couvre pas moins de quatre chapitres entiers. On peut mettre en contraste ces chapitres extrêmement détaillés présentant un programme complet d'éducation et le chapitre 5 du *Pantagruel*. Dans ce chapitre, Pantagruel fait le tour de France des universités. Or Rabelais ne fait que nous y rapporter les diverses expériences du géant, souvent peu éducatives, sur un mode plaisant ou fantaisiste.

On s'aperçoit également de la distance entre les deux œuvres par les leçons morales auxquelles donne lieu, dans *Gargantua*, la guerre picrocholine. Par contraste, la guerre contre les Dipsodes de *Pantagruel* est plus exclusivement consacrée à l'action. Pourtant, en dépit de ces différences d'accent, les deux œuvres présentent des caractéristiques de forme similaires.

STRUCTURE SEMBLABLE
DES DEUX RÉCITS

Les deux œuvres de Rabelais reproduisent le modèle du roman médiéval. On y trouve en effet une généalogie, l'explication de l'origine du nom du personnage, l'enfance et la formation intellectuelle et, enfin, des épisodes de guerre illustrant la vaillance et la sagesse du héros.

La généalogie

Dans *Pantagruel*, la généalogie du géant le rattache aux héros des romans de chevalerie, à divers personnages légendaires ou historiques de l'Antiquité et à des géants aux noms bibliques ou fantaisistes. L'apparition des géants est elle-même rattachée à une origine pseudo-mythologique. Le meurtre d'Abel par Caïn ayant enrichi la terre de son sang, on voit apparaître de grosses nèfles (les «mesles»). Ces nèfles énormes et délicieuses font enfler les humains qui les mangent. Mais cette enflure apparaît à divers endroits du corps. Les géants ne sont autres que ceux qui «croiss[ent] en long du corps». Rabelais renverra ses lecteurs à cette généalogie dans son *Gargantua*.

Le choix du nom

Rabelais reprend deux noms en rapport avec les thèmes burlesques du gigantisme et de la boisson. Le chapitre 7 de *Gargantua* raconte ainsi comment le nom du héros est issu d'une déformation de l'exclamation de Grandgousier à la vue de son fils criant «à boire !» : «Que grand tu as !» Sur un mode plus savant, *Pantagruel* raconte comment Gargantua forma le nom de son fils sur les deux mots grec et arabe, *panta* («tout») et *gruel* («boisson»). Ces deux mots joints signifieraient «tout altéré», faisant ainsi référence à la sécheresse des temps de la naissance du géant et au thème de la boisson, et symboliquement, à la soif insatiable de connaissance, qui caractérise l'esprit du XVIe siècle. Ici encore, Rabelais traite, sur un mode burlesque, de vieilles coutumes d'origine biblique ou antique.

Les «enfances»

Les origines et l'identité des personnages étant établies, Rabelais présente leur formation. Pourtant, même si la structure des deux récits est similaire, on perçoit deux différences notables. D'une part, Rabelais s'étend beaucoup plus sur l'éducation de Gargantua que sur celle de Pantagruel. Cette dernière se résume en fait à un tour de France fantaisiste des universités. Mais il y a plus : l'enfance et la jeunesse de Pantagruel ne sont guère placées en contraste l'une par rapport à l'autre. En fait, les chapitres 4 et 5 révèlent plutôt une continuité. Dans le premier, l'enfant Pantagruel nous est présenté comme une sorte d'Hercule burlesque. C'est son exploit physique qui domine la scène. Ne réussit-il à porter son berceau «sur l'échine» comme une tortue sa carapace ? De même, le chapitre 5, dans le même style héroïco-comique, présente les exploits du jeune étudiant Pantagruel. De passage à Poitiers, par exemple, il soulève un énorme rocher qu'il dresse sur des piliers pour divertir les étudiants qui s'ennuient. Nous restons donc ici dans le domaine du comique gigantesque.

Gargantua présente une structure plus élaborée. L'enfance et la première éducation (chap. 11 à 15) se distinguent nettement des chapitres «éducatifs» (chap. 21 à 24). Rabelais oppose l'absence d'hygiène et de logique, qui domine dans les premiers, à la sagesse morale qui s'affirme dans les seconds. Le jeune Gargantua accède à l'humanité véritable et à la culture en cessant de n'être qu'un «animal humain».

La guerre

La guerre est abordée dans la problématique 5[1]. Nous ferons simplement remarquer ici quelques différences de structure importantes entre les deux récits.

Dans *Gargantua*, la guerre picrocholine comporte toute une phase préparatoire avec querelles, consultations et envoi d'ambassade. La dimension psychologique et morale de la guerre est soulignée. On le voit dans le chapitre 31, où l'envoyé de Grandgousier, Gallet, tente de faire appel à la raison de Picrochole pour éviter la guerre. On le voit aussi dans le chapitre 33 qui exploite de façon comique le thème psychologique de la flatterie des rois. Picrochole est en effet poussé à la guerre par ses mauvais conseillers qui encouragent son délire de puissance. En outre, la conduite de la guerre et les épisodes principaux sont bien détaillés. Gargantua, de retour de Paris d'où il a été appelé par son père, est informé de façon très précise des derniers développements militaires.

Par contraste, dans *Pantagruel*, la guerre contre les Dipsodes est introduite sans transition. Nous apprenons seulement que Gargantua a été enlevé au pays des fées et que les Dipsodes en ont profité. Les motifs et caractéristiques morales des ennemis ne sont guère développés. Loup-Garou n'est qu'une sorte de stéréotype de mauvais géant. Le burlesque ne laisse guère de place aux considérations philosophiques et morales, et la fin de la guerre ne donne lieu à aucune leçon politique.

UNE CONSTRUCTION ORIGINALE

L'œuvre de Rabelais présente une incontestable liberté de construction. On y remarque en effet une large part de désordre et de discontinuité, marquée par de nombreuses interruptions et

---

1. Voir *infra*, p. 67.

digressions. Mais ce désordre de surface dissimule en réalité une structure interne rigoureuse.

Interruptions et digressions

Les deux ouvrages sont loin de présenter une ligne narrative continue. L'histoire est interrompue par des tableaux comiques ou des pauses philosophiques. Il en est ainsi de la liste des jeux de Gargantua ou des livres de la bibliothèque de Saint-Victor. Un exemple frappant apparaît au chapitre 10 de *Gargantua*. Après avoir longuement décrit les vêtements du héros, Rabelais se livre à une longue discussion sur la signification savante de leurs couleurs bleue et blanche. C'est pour Rabelais l'occasion de longs développements historiques et philosophiques, mi-sérieux, mi-burlesques. Un autre exemple d'interruption de l'action est constitué par le chapitre 5 du *Gargantua*. Ce chapitre ne consiste en effet qu'en un très long échange de plaisanteries et d'exclamations comiques entre des buveurs anonymes.

Les œuvres de Rabelais présentent donc une structure à digressions multiples, qui n'apportent aucun élément nouveau sur le plan narratif.

Indépendance et unité des chapitres

Le désordre de surface qui caractérise l'œuvre de Rabelais apparaît aussi dans la relative indépendance des chapitres. D'une part, ces chapitres ne sont pas toujours rigoureusement liés les uns aux autres. D'autre part, ils forment chacun une unité d'action ou de description plus ou moins indépendante. Il est en effet possible de lire l'un des chapitres sans avoir nécessairement lu les précédents. Même dans les épisodes de guerre qui sont les plus « liés » de l'œuvre, chaque chapitre est centré sur un seul épisode.

Une structure cachée

Toutefois, ce désordre n'est que de surface. En réalité, les romans de Rabelais sont bâtis sur une structure aussi savante que discrète, qui relie entre eux les chapitres par des effets de symétrie et des analogies, selon un procédé bien connu de l'Antiquité et fréquemment utilisé à la Renaissance[1].

Dans le chapitre 2 du *Pantagruel*, la terre sue à grosses gouttes ; de même, dans le chapitre 33, sortent de terre des sources thermales consécutives à la chaude-pisse du géant. Dans le chapitre 1 le géant Hurtaly couvre l'arche ; il est donc dans un rapport de symétrie avec le chapitre 32, où Pantagruel couvre son armée. Parallèlement au chapitre 3, où Gargantua se console de la mort de Badebec, le chapitre 30 montre Panurge qui console Eusthènes de la mort d'Épistémon, etc. En réunissant ainsi des épisodes éloignés on finit par isoler un épisode central, le chapitre 15, qui n'est analogue à aucun autre chapitre, et où Panurge démontre au roi Pantagruel qu'il sera utile à son royaume. Dans le *Gargantua*, une symétrie identique met en valeur l'épisode des chapitres 41 et 42, où Frère Jean prouve qu'il est utile au moral des troupes royales. Autrement dit, au centre des deux romans figure, sur un mode comique, une idée humaniste majeure, selon laquelle l'homme, être profondément social, doit se montrer utile à la collectivité.

Nous voyons donc que ces romans donnent davantage à entendre qu'on ne pourrait le penser de prime abord. La réunion d'épisodes éloignés, non seulement dans le roman mais aussi dans leurs tons ou leurs contenus, indique que les livres de Rabelais se conforment au modèle paradoxal des «silènes[2]».

---

1. Voir Guy Demerson, *Rabelais*, Fayard, 1991, p. 22 et suivantes.
2. Voir lecture analytique 3, p. 109.

4 L'éducation et la critique du Moyen Âge

L'IMPORTANCE DE L'ÉDUCATION

L'éducation est au centre de la pensée de Rabelais. Comment s'en étonner puisque l'homme de la Renaissance, confiant dans la nature de l'homme et dans les progrès du savoir, mettra l'accent sur les moyens de réaliser ce que cette nature a de meilleur ? L'éducation, acquisition du savoir et transformation de l'être, est le principal de ces moyens. Pour lui, comme pour les philosophes des Lumières au XVIIIe siècle, ce sont l'ignorance et la vanité qui sont la cause fondamentale des misères humaines.

LA CRITIQUE
DE L'ÉDUCATION MÉDIÉVALE

Remarquons tout d'abord que Rabelais critique moins le système médiéval que sa forme sclérosée qui subsiste au XVIe siècle. En fait, par certains côtés, il reste fidèle aux idéaux du Moyen Âge. On le voit bien par exemple dans la lettre de Gargantua à son fils (*Pantagruel*, chap. 8)[1]. Gargantua y présente des recommandations à son fils concernant son éducation. Il y mentionne l'importance des «arts libéraux» (géométrie, arithmétique, musique et astronomie), le *quadrivium* médiéval. Il y propose comme modèle les écrivains latins Cicéron et Quintilien, maîtres de la rhétorique antique[2]. De même, on retrouve dans le programme éducatif de Ponocrates

---

1. Voir lecture analytique 1, p. 94.
2. La rhétorique est l'art de bien parler, l'art du discours.

(*Gargantua*, chap. 23), l'importance de l'entraînement physique tel que le pratiquaient les chevaliers du Moyen Âge. Enfin, l'instruction religieuse reste un élément essentiel de l'éducation. En témoigne la conclusion de la lettre de Gargantua où, observant que «science sans conscience n'est que ruine de l'âme», le père encourage son fils à «servir, aimer et craindre Dieu».

Pourtant, malgré ces éléments hérités du Moyen Âge, on voit apparaître une critique virulente de l'enseignement médiéval, qui illustre une véritable rupture avec le passé.

Critique du savoir quantitatif

C'est dans *Gargantua* que Rabelais se livre à une critique détaillée de l'éducation médiévale. Le personnage de Thubal Holoferne, premier précepteur de Gargantua, est une caricature destinée à ridiculiser des méthodes inadaptées. C'est la quantité qui domine ici. Le programme de Thubal Holoferne comprend de longues listes de manuels d'une utilité douteuse : *De moribus in mensa servandis* («Des façons de servir à table») ; *Dormi secure* («Dors en paix», recueil de sermons). La longueur des périodes d'étude suggère la lenteur et la perte de temps : Gargantua passe ainsi cinq ans et trois mois à apprendre son alphabet.

Critique du savoir formel

Mais il y a plus grave : il s'agit là d'un savoir formel, sans contenu, sans prise sur l'âme et contraire aux exigences de la raison et du bon sens.

L'accent est mis exclusivement sur la mémoire : on récite les règles de logique sans les comprendre. On les récite même à l'envers, comme pour suggérer l'absence d'ordre et de propos de ce savoir. Gargantua peut ainsi prouver par cœur à sa mère que *de modis significandi non erat scientia* («Il n'existe pas de science des modes de la signification»). N'y a-t-il pas là une façon particulièrement appropriée de montrer l'inanité et l'inutilité d'un savoir dont on n'a que faire ? Ce n'est qu'un savoir qui permet aux vaniteux de briller face à ceux qui, comme la pauvre mère de Gargantua, sont plus ignorants.

Il en est de même en ce qui concerne l'éducation religieuse. Quantité et formalisme y dominent. On assiste à «vingt-six ou trente messes» et on «marmonne» des «kyrielles» de prières. Mais toutes ces pratiques extérieures ne semblent avoir aucun effet sur une vie de paresse et d'excès. Qui plus est, on abuse du savoir qu'on peut avoir des Écritures pour justifier de mauvaises habitudes. C'est ainsi qu'on fonde la grasse matinée sur le verset du psaume : *Vanum est vobis ante lucem surgere* («Il est vain de vous lever avant le jour»). Mais on oublie d'ajouter la fin du verset : «Il est vain de vous lever avant le jour *si la grâce de Dieu n'est pas avec vous.*»

▌Critique de l'argument d'autorité

Un des principaux défauts de l'éducation médiévale réside, pour Rabelais, dans la toute-puissance des autorités. Un argument est reconnu valable s'il est fondé sur l'autorité d'un théologien ou d'un philosophe renommé. Cette attitude est fondée sur le respect de la tradition et de la hiérarchie, et sur la méfiance vis-à-vis du jugement individuel. Or, Rabelais excelle à montrer les excès et les perversions de cette approche. C'est ainsi que Gargantua justifie son habitude de boire par des paroles de son maître Thubal, classé «premier à sa licence à Paris». Car Thubal a déclaré qu'il ne sert à rien de courir si on ne se lève pas d'abord de bon matin. On tire donc de cet enseignement la conclusion qu'il convient de boire tôt le matin plutôt que de boire en quantité.

▌Critique de l'usage académique du latin

Autre savoir formel : celui du latin. Le latin est la langue pratiquée à l'université pour tous les enseignements. Rabelais est loin de rejeter son étude. En fait, le programme d'éducation présenté par Gargantua à son fils inclut la langue latine parmi d'autres, comme le grec et l'hébreu. Ce que critique Rabelais, ce n'est donc pas l'usage du latin en soi, mais son usage exagéré, pédant, et sa déformation en «latin de cuisine».

On peut s'en apercevoir lorsque Maître Janotus de Bragmardo vient faire un discours devant Gargantua pour lui demander de rendre les cloches de Notre-Dame (*Gargantua*, chap. 18). Ce personnage de vieil universitaire ridicule accumule les expressions latines d'école dans un contexte loufoque. Parlant de la paire de chausses qu'il attend pour salaire de son discours, il ajoute en latin : *et vir sapiens non abhorrebit eam* («et l'homme sage ne la détestera pas»), passage de la Bible qui s'applique en fait aux médicaments naturels et que Rabelais devait bien connaître en tant que médecin.

Critique du mépris du corps

À côté de ce fatras de savoir inutile, Rabelais s'attaque à une certaine vision négative du corps, propre à la tradition chrétienne. Bien que le corps soit promis à la résurrection sous sa forme «glorieuse[1]», il est le plus souvent considéré comme un obstacle, voire une malédiction. Il est identifié à la chair, au principe de la concupiscence ou désir impur. C'est la raison pour laquelle on voit l'hygiène corporelle méprisée. Rabelais fait plusieurs références à ces mauvaises habitudes lorsqu'il compare les boulets de canon aux «poux» des écoliers du collège de Montaigu, par exemple. Plus grave encore, ce sont les maîtres qui donnent le mauvais exemple en cette matière. Gargantua se peigne ainsi de la main (ce qui donne lieu au jeu de mots «le peigne d'Almain») pour ne pas perdre de temps «en ce monde» (*Gargantua*, chap. 21). De plus, il se lève fort tard et paresse au lit au lieu de se livrer à des exercices physiques. Son régime alimentaire, enfin, est catastrophique puisqu'il se goinfre de nourriture et s'emplit de vin de bon matin.

---

1. Dans la théologie chrétienne, le corps doit ressusciter sous une forme pure ou céleste, le «corps glorieux».

On voit donc que l'éducation médiévale présentée par Rabelais est préjudiciable au développement harmonieux de l'homme. Elle néglige de cultiver les talents de l'esprit, avilit le caractère et méprise le corps. À ce programme désastreux, Rabelais va opposer un modèle éducatif qui témoigne des idéaux de l'humanisme.

LE MODÈLE HUMANISTE

▌Faire confiance à la nature

Par opposition au caractère antinaturel de la pédagogie qu'il critique, Rabelais propose une éducation fondée sur la nature. L'éducation parfaite est plus un perfectionnement des bonnes tendances de la nature qu'un «dressage» rigoureux et antinaturel. Le maître de Gargantua, appelé par Grandgousier pour succéder aux désastreux «docteurs sophistes» (professeurs titulaires d'un doctorat), prend comme premier principe de suivre les rythmes de la nature. Cette dernière travaille progressivement et non par à-coups. C'est ainsi que Ponocrates, désirant changer les habitudes de son élève, se gardera bien de vouloir tout modifier de but en blanc dans sa vie. Il faudra, au contraire, ménager des transitions et laisser l'élève croître comme une jeune plante.

▌Bien gérer son temps

À l'opposé de la lenteur des études de Gargantua avec ses premiers maîtres, l'éducation humaniste repose sur un bon usage du temps. Sous la conduite de Ponocrates, Gargantua se lève dès quatre heures du matin. Sa journée est bien remplie : lecture de la Bible, sciences naturelles, arithmétique, géométrie, musique, exercice physique. Le temps du repas est lui-même occasion de s'instruire : on y discute les propriétés des aliments. De même, au moment de la toilette, on lui fait réviser les leçons de la veille. Enfin, le temps de la récréation est aussi un temps d'étude : ainsi, les jeux de cartes sont également des leçons de mathématiques.

L'idéal humaniste consiste donc dans un plein usage du temps et des facultés naturelles. La soif de savoir fait que l'étude occupe la quasi-totalité du temps de la journée. La vie elle-même devient ainsi étude.

Connaître les œuvres de l'Antiquité

Un autre type d'échange essentiel est la lecture fréquente des textes des Anciens. On a vu que l'humanisme était avant tout un retour à l'Antiquité grecque et latine[1]. Nous trouvons les traces de cette tendance en particulier dans *Gargantua* : pensons à l'éducation reçue par Gargantua (chap. 23 et 24) comme à la lettre adressée par Gargantua à Pantagruel (*Pantagruel*, chap. 8). Dans le domaine scientifique, Gargantua rapporte ses expériences journalières aux textes antiques de médecins ou de philosophes comme Porphyre, Galien et Aristote (chap. 23). Plus tard, il recommande à son fils Pantagruel de prendre Platon et Cicéron comme maîtres en matière de style (*Pantagruel*, chap. 8). On peut dire que l'œuvre entière de Rabelais regorge de références savantes aux belles-lettres de l'Antiquité.

Cultiver une curiosité encyclopédique

Le programme éducatif de Rabelais annonce la curiosité universelle des philosophes «du XVIIIe siècle. La pédagogie met l'accent sur la connaissance de l'ensemble du monde terrestre et des activités humaines.

Gargantua recommande à son fils d'étudier les poissons, oiseaux, arbres, herbes, métaux et pierreries du monde. Les métiers et les techniques humaines font également l'objet d'un profond intérêt. Rien de ce qui est humain ne saurait être laissé en dehors du champ de l'éducation. C'est ainsi que «quand l'air [est] pluvieux», Gargantua va rendre visite avec son maître aux

---

1. Voir *supra*, p. 38-39.

orfèvres, horlogers, teinturiers et imprimeurs, Il s'informe aussi auprès des gens de métiers comme les avocats et les jongleurs. La vocation universelle de l'éducation humaniste apparaît comme un hymne à la gloire de l'activité humaine et de ses progrès.

Cultiver son corps

Conformément à ce souci de développement total, le corps ne saurait être négligé. Il est d'abord l'objet d'une hygiène très attentive. On doit prendre soin de son corps comme on prend soin de son esprit. Le matin, le jeune Gargantua apprend à se laver, à s'habiller et à se peigner avec soin. Il se lave même les dents après les repas. Ses habitudes alimentaires sont aussi modifiées sous la direction de Ponocrates. Son déjeuner se fait moins copieux pour ne pas interférer avec ses activités du jour.

En dehors de cette hygiène qui contraste avec le laisser-aller de sa première jeunesse, Gargantua reçoit aussi une formation athlétique rigoureuse. Il se livre à divers exercices physiques visant à se fortifier physiquement et à s'affermir moralement (*Gargantua*, chap. 23). Ainsi se trouve parachevée l'éducation d'un être humain complet, sain de corps et d'âme.

CONCLUSION

La conception de l'éducation présentée par Rabelais est fondée sur des principes bien définis et constitue l'un des principaux messages de son œuvre. Elle est encore tributaire du Moyen Âge par son exigence de culture de la mémoire et de discipline. Mais, d'un autre côté, elle annonce les temps nouveaux par le climat d'intense curiosité scientifique à l'égard du monde qui s'en dégage.

5 | La guerre

La guerre tient une place centrale dans *Gargantua* comme dans *Pantagruel*. Les épisodes de guerre occupent vingt-six chapitres dans le premier soit presque la moitié de l'œuvre, et dix dans le second, soit près d'un tiers du livre. Dans *Gargantua*, la guerre picrocholine, du nom de Picrochole, l'ennemi de Grandgousier, permet à Gargantua de faire ses preuves et de parfaire son éducation. Il en est de même dans *Pantagruel*, où le héros doit combattre les Dipsodes qui ont envahi le pays d'Utopie[1] en l'absence de Gargantua, transporté au pays des fées.

Les épisodes de guerre n'ont pas seulement une valeur dramatique, ils ont aussi des implications morales. Ils répondent donc au double souci de divertissement et d'instruction annoncé dans le prologue de Gargantua.

UNE JUSTIFICATION DE LA GUERRE ?

La question de la «guerre juste» a passionné le Moyen Âge et la Renaissance. Confrontée aux guerres médiévales entre chefs féodaux, puis aux croisades contre l'Islam, la chrétienté a dû s'efforcer d'harmoniser la réalité de la guerre avec les idéaux pacifiques de l'Évangile. Des penseurs comme saint Thomas d'Aquin au Moyen Âge ou Érasme au XVIe siècle se sont penchés sur ce problème.

Dans *Gargantua*, Rabelais insiste beaucoup sur la nécessité

---

1. *Utopie* : du grec *ou*, «non», et *topos*, «*lieu*» : «en aucun lieu» ; conception imaginaire d'une société idéale où les hommes sont heureux.

morale de l'entrée en guerre. Il met nettement l'accent sur la méchanceté des fouaciers de Lerné et de leur roi Picrochole (dont le nom signifie «bile amère»). À l'opposé, Grandgousier et ses hommes font preuve de patience et d'une grande générosité en face des provocations de leurs ennemis. On dirait que Rabelais multiplie à souhait les exactions et les traîtrises de Picrochole et de ses hommes, pour souligner la nécessité morale de la guerre. À l'opposé de ces attitudes, Grandgousier se montre extrêmement réticent à se lancer dans une opération militaire. Il cherche d'abord à apaiser son ennemi, à parlementer avec lui en lui envoyant un ambassadeur. Il pousse la volonté de conciliation jusqu'à faire rendre les fouaces aux hommes de Picrochole. Jusqu'au bout, il aura tenté d'éviter la guerre.

La lettre de Grandgousier à Gargantua (chap. 29) est, à cet égard, un modèle de justification morale de la guerre. La guerre y apparaît essentiellement comme défensive : elle n'a pas pour but d'attaquer ou de conquérir mais de préserver le pays contre l'agression extérieure. À la différence de la guerre injuste et tyrannique de Picrochole, la guerre à laquelle Grandgousier se trouve contraint a pour objectif la restauration de la paix.

LA CONCEPTION
HUMANISTE DE LA GUERRE

Les intellectuels de l'époque de Rabelais, période de troubles et de guerres, se sont souvent profondément intéressés à la question de la guerre. Il fallait considérer non la seule question de la justification mais aussi celle du traitement des ennemis et de la conduite de la guerre. À ces questions, des esprits aussi influents qu'Érasme ou Luther devaient fournir des réponses diverses. Rabelais n'échappe pas à cette caractéristique de son siècle. Les récits de guerre ne sont pas seulement l'occasion de déployer sa verve comique. On trouve, dans ses récits, toute une philosophie de la guerre en harmonie avec les principes de l'humanisme.

Les principes chrétiens

La première caractéristique du point de vue humaniste sur la guerre est rattachée aux principes chrétiens. Ce christianisme est essentiellement d'inspiration évangéliste. Avant de combattre Loup-Garou, Pantagruel fait le vœu de faire prêcher l'Évangile dans toute sa pureté. Il s'agit d'une référence au principe du retour à l'Évangile dont nous avons parlé à propos de l'évangélisme et de la Réforme[1].

Mais ce principe n'a pas seulement des implications religieuses, il a aussi des conséquences importantes sur la façon dont la guerre est envisagée. En effet, la guerre entre chrétiens est, pour Rabelais, d'une nature différente de celle qui peut les opposer à des «infidèles». Le discours de Grandgousier, adressé au capitaine ennemi Toucquedillon, fait ainsi référence au devoir qu'ont les princes chrétiens de vivre en paix en tant que «frères» en l'Évangile. En fait, la guerre entre chrétiens n'est pas vraiment une guerre. C'est ainsi que la guerre picrocholine est définie par Grandgousier comme «superficiaire» (superficielle) et que le jugement des torts en est laissé à Dieu.

La nécessité de l'action

Bien qu'elle soit fondée sur une vision profondément pacifique de l'homme et de la société, l'attitude humaniste n'est pas nécessairement pacifiste. En fait, l'aspect pratique et existentiel des tendances humanistes implique un devoir d'action quand les conditions sont réunies. Grandgousier rappelle ainsi à son fils que si l'action sans délibération est mauvaise, la délibération sans action l'est aussi (*Gargantua*, chap. 29). Lorsque la situation est telle que la raison commande à un pays de se défendre contre ses agresseurs, il serait illogique et immoral de se réfugier dans l'étude ou l'inaction.

---

1. Voir problématique 1, p. 41-43.

La stratégie

La guerre n'ayant pour objectif que le rétablissement de la paix dans la justice, le prince humaniste et chrétien doit épargner le sang humain. C'est le principe fondamental énoncé par Grandgousier dans sa lettre à son fils du chapitre 29.

Pour ce faire, il sera nécessaire de mettre en œuvre une stratégie raisonnée et efficace. La ruse est importante dans ce domaine. C'est une technique qui n'a rien d'immoral, dès lors qu'elle a pour objet la victoire du bon droit et la plus grande économie possible de vies humaines. Pantagruel fait lui-même usage de la ruse à plusieurs reprises dans sa lutte contre les Dipsodes. Il renvoie un prisonnier à son armée avec des informations erronées concernant ses plans stratégiques. Ces informations sont destinées à surprendre l'ennemi par ruse. L'idéal moral s'accorde donc avec une bonne dose de réalisme.

L'humanité

Cependant, la stratégie doit trouver un complément dans l'humanité dont doit faire preuve le bon prince à l'égard de ses adversaires et de ses prisonniers. Si la guerre est une technique, elle a aussi ses «lois», lesquelles sont fondées sur le respect du prochain.

En fait, l'œuvre de Rabelais est toute remplie d'actes de générosité et de clémence de la part des bons géants. C'est ainsi que le capitaine Toucquedillon est renvoyé chez les siens par Grandgousier avec un message de paix pour Picrochole. De même, la victoire des géants n'est pas l'occasion de répression ou de pillages. Bien au contraire, Grandgousier ne se contente pas de libérer les prisonniers à la fin de la guerre ; il leur fait également donner une pension et les renvoie sous bonne escorte. Mieux encore, la victoire ne doit pas être le prétexte de conquêtes illégitimes. Grandgousier promet ainsi de garantir le royaume de Picrochole au fils de ce dernier (*Gargantua*, chap. 50).

Le châtiment et la justice

En dépit de ce principe fondamental de respect des hommes désigné comme «droit des gens», les vainqueurs se doivent aussi de faire justice. C'est pourquoi les responsables de la guerre sont sévèrement châtiés. Dans l'univers comique de Rabelais, ce châtiment prend bien entendu un tour burlesque et comique. Anarche, le roi tyrannique des Dipsodes, est ainsi humilié dans son orgueil : les pantagruélistes font de lui un «crieur de sauce verte», c'est-à-dire un vendeur à la criée de sauce pour le poisson, et il est contraint d'épouser une vieille prostituée. De même, à la fin de la guerre picrocholine, Marquet, le responsable initial du conflit, ses compagnons fouaciers et les mauvais conseillers de Picrochole sont gardés prisonniers et châtiés. La justice militaire doit donc frapper les coupables et les responsables, tout en respectant le «droit des gens» et en laissant place, autant que possible, à la clémence.

La restauration de l'ordre

La guerre se clôt sur des épisodes de restauration de l'ordre dans une atmosphère de célébration et de joie. Les combattants victorieux sont récompensés par le souverain. Un grand banquet marque la victoire et donne lieu à des réjouissances décrites par Rabelais avec sa verve habituelle. La conclusion de *Pantagruel* résume le sens de cette joyeuse restauration, en la désignant comme un «renouvellement du temps de Saturne». Le «temps de Saturne» se réfère à l'âge d'or, époque de paix et d'harmonie pour l'humanité primordiale. L'expression évoque aussi les Saturnales romaines, sorte de carnaval qui était une sorte de symbole de ce retour à l'origine.

CONCLUSION

Les épisodes contre les tyrans Picrochole et Anarche sont donc bien plus que de simples imitations parodiques des guerres des romans de chevalerie: ils sont surtout l'occasion de proclamer certains idéaux de l'humanisme érasmien. Une fois de plus, Rabelais détourne les codes romanesques traditionnels au profit d'une philosophie.

6 | Le comique rabelaisien

L'œuvre de Rabelais est placée sous le signe du rire. Le prologue de *Gargantua* se termine sur la recommandation : «Esbaudissez-vous, mes amours, et gaiement lisez le reste», tandis que celui de *Pantagruel* annonce l'ouvrage comme une consolation de tous les malheurs, moraux comme physiques, par le rire. Pour le médecin qu'est Rabelais, le rire est donc un moyen de rester en bonne santé et de surmonter les difficultés de l'existence.

Mais il ne faut pas oublier que Rabelais est un humaniste, et, comme tel, convaincu que le savoir et la religion chrétienne peuvent apporter le réconfort voire la grandeur, la noblesse d'âme, à l'être humain. Comme tout humaniste, il hait l'ignorance, l'erreur, la superstition, ainsi que la stupidité et la méchanceté qui, souvent, les accompagnent et sont autant d'obstacles au savoir. Pour Rabelais, écrire un roman comique revient donc aussi à combattre la bêtise et l'obscurantisme, en les ridiculisant. Différentes formes de comique sont utilisées pour réussir ce double objectif.

RIRE À LA RENAISSANCE

Pour comprendre le comique rabelaisien, il importe d'abord de le situer dans le contexte de son époque.

Les problèmes d'interprétation

La nature du comique rabelaisien peut poser des difficultés d'interprétation au lecteur moderne. Si, dans le *Pantagruel*, les mauvais tours joués par Panurge aux soldats du guet (chap. 16) sont d'emblée identifiés comme comiques, nous avons plus de mal à rire devant les jeux de mots dissimulés dans certains titres des ouvrages de la bibliothèque Saint-Victor (chap. 7) ou devant les allusions théologiques des propos des «bien ivres» (*Gargantua*, chap. 5). En effet, le comique dépend beaucoup des lieux et des époques : un lecteur du XVIe siècle ne rit pas exactement des mêmes choses qu'un lecteur moderne, de même qu'aujourd'hui certaines plaisanteries peuvent sembler moins comiques à un Anglais ou à un Québécois qu'à un Français. À l'inverse, la peur, la crainte, sont des sentiments plus universels et intemporels, moins dépendants de la culture d'une société. Le comique des romans rabelaisiens demande donc un effort particulier d'interprétation, et nécessite parfois une certaine érudition.

▌Le mélange de comique et de sérieux

Plus encore, le lecteur moderne peut être déconcerté par le mélange de comique et de sérieux, voire de gravité, qui caractérise l'œuvre de Rabelais. Par exemple, dans le *Gargantua*, le caractère grotesque des mésaventures de Janotus est brutalement interrompu par un discours grave contre la méchanceté de certains maîtres scolastiques (fin du chapitre 20). De même, les bonnes paroles de Grandgousier, empreintes de sagesse humaniste contre la superstition, coexistent avec les plaisanteries grossières des pèlerins auxquels il s'adresse (chap. 45).

La juxtaposition du comique et du grave fait partie de la culture de l'époque. Nous la retrouvons chez d'autres auteurs de la Renaissance : Shakespeare, par exemple, insère dans sa pièce *Roméo et Juliette* des plaisanteries paillardes. Le XVIe siècle pratique beaucoup plus facilement que le nôtre le mélange des tons et des genres, car son esthétique est essentiellement axée sur la diversité[1]. C'est avec l'esthétique dite «classique», du XVIIe siècle, que l'unité de ton deviendra la règle.

---

1. Voir lecture analytique 3, p. 109 et problématique 7, p. 83-86.

La culture carnavalesque

En outre, cette diversité est la caractéristique fondamentale d'une culture que notre époque a mal conservée : la culture carnavalesque. À l'origine, les fêtes de carnaval sont l'occasion de réjouissances où les hiérarchies habituelles sont inversées : on se moque de ce qui est sérieux, on ridiculise les puissants. Le carnaval permettait de s'en prendre à ceux dont, en temps normal, on n'osait pas rire ouvertement : par exemple, l'élève se moquait du professeur, le simple citoyen du maire. Certaines pièces de théâtre, montées par des groupes d'universitaires et d'hommes de loi nommés «Compagnies de la Basoche», comportaient de violentes critiques contre le pouvoir royal. Mais le carnaval permettait aussi de porter un regard rieur sur ce qu'on aimait et même sur ce qu'on vénérait : on pouvait ainsi plaisanter sur le Christ, la Vierge Marie.

Le Moyen Âge et la Renaissance accordaient une grande importance à ces bouffonneries. On sait que Rabelais participa à de telles réjouissances, et qu'il monta des pièces de théâtre comiques. Il n'est donc pas étonnant que ses romans comportent des plaisanteries permettant de rire de ce qu'il appréciait : la naissance du géant par l'oreille de sa mère (*Gargantua*, chap. 6) est une plaisanterie indulgente sur la confiance sincère du croyant envers la puissance de Dieu, qui a le pouvoir de faire ce que bon lui semble.

Donc, si la nature du comique rabelaisien nous échappe parfois, sa fonction est parfaitement claire : provoquer chez le lecteur deux sortes de rires. Il s'agit à présent de se demander comment est créé le rire.

LES FORMES DU COMIQUE RABELAISIEN

Rabelais utilise plusieurs formes de comique, ainsi qu'un ensemble de procédés stylistiques destinés à susciter le rire.

Le comique verbal

Le comique verbal tient essentiellement à cinq caractères ou procédés. Il y a d'abord l'onomastique[1], le choix des noms comiques. C'est le cas, par exemple, de noms de personnages comme Gargamelle ou Baisecul. Il y a ensuite l'invention de mots grotesques ou expressifs. Citons, par exemple, le verbe «matagraboliser[2]», ou l'adjectif «matéologiens[3]», mots comiques forgés par Rabelais auxquels il est parfois difficile de donner un sens précis. Le troisième élément de comique verbal est constitué par les jeux sur l'incohérence du discours. On le voit bien dans la scène du discours ridicule de Janotus de Bragmardo (*Gargantua*, chap. 19), où celui-ci réclame à Gargantua, au nom des Parisiens, les cloches de Notre-Dame dont le géant s'est emparé :

> Ce ne serait que bon que vous nous rendissiez nos cloches, car elles nous font bien besoin. Hen, hen, hasch ! Nous en avions bien autrefois refusé de bon argent de ceux de Londres en Cahors, aussi avions-nous de ceux de Bordeaux en Brie, qui voulaient les acheter pour la substantifique qualité de la complexion élémentaire qui est intronifiquée en la terresterité de leur nature quidditative pour extranéiser les halos et les turbines sur nos vignes, vraiment non pas nôtres, mais d'ici auprès : car, si nous perdons le piot, nous perdons tout, et sens et loi.

L'usage des langues anciennes et étrangères contribue également assez souvent au comique verbal. On peut se reporter à la scène du chapitre 9 de *Pantagruel*, où le géant rencontre Panurge, lequel s'adresse à Pantagruel en treize langues différentes, dont certaines sont imaginaires. Voici un passage en basque :

> Jona andie, guaussa goussyetan behar da er remedio beharde versela ysser landa. Anbates oyto y es nausu eyn essassu gour ray proposian ordine den. [...] Genicoa plasar vadu.

---

1. *Onomastique* : étude des noms propres (noms de personnes et de lieux).
2. *Matagraboliser* : mot inventé par Rabelais, signifiant «préparer».
3. *Matéologiens* : qui racontent des bêtises.

Citons, enfin, la pratique assez fréquente d'intercaler des mots ou des passages incompréhensibles dans le récit : les *Fanfreluches antidotées*[1] du chapitre 2 de *Gargantua* en sont un des meilleurs exemples. En voici les quatre premiers vers :

> ai ? enu le grand dompteur des Cimbres,
> V sant par l'aer, de peur de la rousée.
> sa venue on a remply les timbres
> c'beurre fraiz, tombant par une housée.

Le comique folklorique

La taille et les dimensions des géants sont un des éléments du comique rabelaisien. Rabelais ne fait ici que perpétuer une tradition folklorique qui associe le gigantesque au grotesque. Ce comique naît, la plupart du temps, d'un décalage entre les dimensions du géant et celles du milieu dans lequel il est plongé. Par exemple, ce comique gigantesque est en rapport avec la nourriture et la boisson, et évoque la goinfrerie ou l'ivrognerie. On le voit bien lorsque Gargamelle mange «seize muids, deux bussards et six tupins[2]» de tripes (*Gargantua*, chap. 4). Rabelais n'oublie pas d'ajouter que «trois cent soixante-sept mille quatorze» bœufs avaient été tués pour l'occasion. La précision dans l'évocation de quantités gigantesques est un élément du comique. Dans le même registre, la confection des vêtements de Gargantua requiert d'énormes quantités de toile et de satin. Rabelais s'amuse à conter les «déluges d'urine» provoqués par ses personnages contre leurs adversaires.

La parodie

Souvent lié à ce comique gigantesque, on doit également mentionner le comique parodique[3]. Il s'agit surtout de tous les passages de guerre qui sont traités sur un mode comique tout en

---

1. Voir *supra*, Repères pour la lecture, p. 29.
2. Mesures de capacité de l'époque, qui variaient selon les régions.
3. Voir note 1, p. 105.

imitant le style ou les caractères de l'épopée. En effet, la guerre rabelaisienne est souvent une guerre grotesque où le rire apparaît partout. Il se révèle même et surtout dans les descriptions de batailles et les combats singuliers. La guerre est ainsi dépouillée de son caractère horrible ou effrayant.

Un des meilleurs exemples est sans doute celui de la défense de l'abbaye de Seuilly par Frère Jean. Ce personnage burlesque se livre à un carnage en massacrant sans pitié ses ennemis. Il nous rappelle les grandes figures de la chanson de geste médiévale. Frère Jean a aussi un bâton en forme de croix qui fait penser aux chevaliers chrétiens des croisades. Il extermine ses ennemis avec la vigueur d'un héros d'épopée. Mais le contexte général de ses exploits et les détails donnés sont parodiques. Frère Jean se pose avant tout comme un combattant au «service du vin» (et non au «service divin»), il renverse ses ennemis «comme des porcs» et il jure comme un charretier. De tels détails sont incompatibles avec le style héroïque et noble de l'épopée véritable.

▌Le comique satirique

Rabelais emploie également toute sa verve pour ridiculiser les personnages et les institutions qu'il critique ou rejette. C'est le cas notamment des universitaires, juristes et précepteurs. C'est aussi le cas des méthodes d'enseignement inadaptées, des comportements pédants ou illogiques et des pratiques superstitieuses. La satire met l'accent sur l'absence d'intelligence et de conscience des personnages et des usages. Elle illustre souvent leur caractère mécanique et vide de sens. Il en est ainsi du discours de Janotus de Bragmardo, venu réclamer les cloches de Notre-Dame à Gargantua (chap. 19). Son discours n'est que mauvais latin et incohérences ; ainsi, par exemple : «0 monsieur *Domine, clochidonnaminor nobis ! Dea, est bonum urbis*. Tout le monde s'en sert.» *Pantagruel* offre également l'exemple des deux plaideurs Baisecul et Humevesne. Leur discours absurde reproduit, de manière comique, la forme d'une plaidoirie en justice.

Le comique obscène

Un des éléments comiques qui peut parfois surprendre les lecteurs contemporains de Rabelais est lié à l'obscénité. Ce comique obscène se rattache soit à la tradition populaire, soit aux plaisanteries et fantaisies estudiantines. Le premier aspect est plutôt en rapport avec les mœurs des géants. Le second est pour l'essentiel associé au personnage de Panurge. Au-delà du comique parfois vulgaire, Rabelais joint ainsi la grivoiserie à la fantaisie la plus débridée. C'est ainsi que les «pets» de Pantagruel donnent naissance à des Pygmées (chap. 27). Dans un registre d'un goût plus douteux, Panurge se montre très inventif dans l'usage des références sexuelles comiques. Il disserte sur la solidité des organes sexuels féminins et les propose comme matériau de construction des murailles de Paris (chap. 25). Le comique obscène est la forme la moins subtile du rire rabelaisien. Elle est aussi la moins fréquente, contrairement aux idées reçues.

Quelques procédés stylistiques

Les procédés, très variés, reposent souvent sur des rapprochements incongrus de concepts, qui permettent de déstabiliser comiquement le lecteur.

Retenons en particulier :
– le contrepet : «femme folle à la messe et femme molle à la fesse» (*Pantagruel*, chap. 16) ;
– l'antithèse, l'oxymore et le paradoxe : «buveurs très illustres et vous, vérolés très précieux» (*Gargantua*, Prologue) ;
– les invectives : «écoutez, vits d'ânes, et puisse le chancre vous faucher les jambes» (*Gargantua*, Prologue).

Les jeux de sonorités réalisent des associations comiques, comme :

---

1. Consistant à rapprocher deux *paronymes*, c'est-à-dire deux mots proches par la forme et la sonorité, mais différents par le sens.

– la paronomase (jeu de mots[1]) : «une femme ni belle ni bonne, à quoi vaut toile ?» (*Gargantua*, chap. 52 : jeu sur *t-elle* et *toile* comme on le prononçait à l'époque) ;

– les dérivations (mots de même étymologie) et les polyptotes (formes différentes d'un même mot) : «le monde moinant moina de moinerie» (*Gargantua*, chap. 27), «*omnis clocha clochabilis, in clocherio clochando, clochans clochativo clochare facit clochabiliter clochantes*» (*Gargantua*, chap. 19) ;

– le cacephaton (terme rhétorique grec désignant des sonorités désagréables, une *cacophonie*) : «grand, gras, gros» (*Pantagruel*, chapitre I), «gros, gras, grand, gris» (*Gargantua*, chap. 1).

Comme le montrent ces exemples, le comique rabelaisien fait aussi grand cas des effets de quantité :

– les listes, comme celles des livres de la bibliothèque de Saint-Victor (*Pantagruel*, chap. 7), écrasent le lecteur sous une accumulation de références ;

– les énumérations interminables, telle celle des propos des bien ivres (*Gargantua*, chap. 5), étourdissent le lecteur.

Nous voyons donc que le comique rabelaisien n'a rien de gratuit. Il obéit à un double objectif : emplir les lecteurs de gaieté, car le rire bon enfant crée la santé, mais aussi ridiculiser les sots et les méchants, détruire l'erreur et l'ignorance. Le rire rabelaisien est donc à la fois créateur et destructeur. Quant aux formes de comique employées par Rabelais, elles sont aussi variées que les genres narratifs dont il s'inspire, car il s'agit de réussir ce double objectif par tous les moyens possibles. C'est cette richesse de tons et de procédés, au service d'une pensée humaniste, qui font du *Gargantua* et du *Pantagruel* des» romans comiques».

7 | Rabelais et le langage

L'univers rabelaisien est avant tout un univers de langage. Rabelais a créé une langue d'une richesse extraordinaire qui est sans équivalent dans l'histoire de la littérature française. Cette originalité tient dans une certaine mesure au contexte historique de la Renaissance. Elle tient aussi à la formation et à la personnalité de l'auteur lui-même.

LES CARACTÉRISTIQUES DU FRANÇAIS DU XVIe SIÈCLE

Les progrès de la langue française

À l'époque de Rabelais, la langue française est encore balbutiante. Au Moyen Âge, le latin était la langue éducative et intellectuelle. Encore éclipsé par le latin dans le domaine de l'éducation, le français ne s'impose que peu à peu au XVIe siècle comme langue littéraire.

La langue française n'a pas encore d'existence officielle : chaque citoyen français parle le dialecte de sa région (le provençal, le bourguignon, le normand...). Le français tel que nous le parlons aujourd'hui n'est pas autre chose que la réunion des éléments communs aux dialectes de la région parisienne. C'est donc un réel paradoxe que des écrivains comme Rabelais, Montaigne ou Ronsard, grands représentants de la littérature française, n'aient jamais appris le français, les collèges de l'époque délivrant une culture exclusivement latine. Ce n'est qu'au XVIIIe siècle que l'enseignement du français se généralise. Le cas de Montaigne qui, jusqu'à l'âge de six ans, ne connaît que le latin n'est pas rare. On peut méditer sur la situation – impensable aujourd'hui - de ces écrivains, qui jonglent avec trois langages : le français, le latin et le dialecte de leur région (le tourangeau pour Rabelais, le gascon pour Montaigne, etc.). Cette situation se retrouve souvent chez Rabelais, qui utilise dans ses romans de nombreuses tournures dialectales. Par exemple, dans le chapitre 6 du *Pantagruel*, l'étudiant limousin, après avoir parlé un mélange de français et de latin, finit par s'exprimer dans le dialecte de sa région.

Mais la langue française devient progressivement un des symboles des temps nouveaux. Face à la Sorbonne et à l'Église qui tentent de maintenir la domination du latin, elle trouve des défenseurs dans l'autorité royale et dans les milieux humanistes évangélistes[1]. Avec l'ordonnance de Villers-Cotterêts (1539), qui décrète que tous les actes juridiques seront désormais établis en français, François Ier consacre l'importance qu'il accorde à cette langue. Sur le plan littéraire, on doit aussi citer la *Défense et illustration de la langue française* de Du Bellay (1549). Sur le plan religieux, les progrès du français sont illustrés par la traduction de la Bible par Lefèvre d'Étaples (1530) et les écrits de Calvin en français (*Institution chrétienne*, 1541). Ce sont là trois étapes importantes des progrès du français comme langue d'échange intellectuel.

▌Une langue encore neuve

Malgré ses progrès dans les domaines littéraire et juridique, la langue du XVIe siècle demeure une langue encore neuve dont la forme reste souvent flottante. Bien des aspects du français contemporain ne sont pas encore fixés. En fait, il faut attendre le XVIIe siècle pour que le français atteigne plus ou moins l'état dans lequel nous le connaissons.

---

1. Sur l'humanisme et l'évangélisme, voir problématique 1, p. 40-43.

Au XVIᵉ siècle, la langue française reste encore très marquée par la grammaire latine. La création de nouveaux mots à partir de racines latines ou grecques, ou par des emprunts aux langues du terroir, enrichit la langue. L'apport de Rabelais au lexique français est exceptionnel : on relève dans ses œuvres plus de huit cent premières attestations de mots ou expressions (*corne d'abondance*, *imposteur*, *automate*, *l'appétit vient en mangeant*...). Les poètes se montrent eux aussi créatifs dans le domaine linguistique. La langue tend ainsi souvent à la complexité, voire à l'obscurité, surtout sur le plan du vocabulaire et de l'orthographe. D'ailleurs, on observe, dans bien des cas, que l'orthographe n'est pas fixée. On peut mentionner, par exemple, l'usage du *z* pour marquer le pluriel à la place du *s*. De même, l'usage du *y* et du *i* est flottant.

LA LANGUE DE RABELAIS

En dehors des caractères généraux de la langue française du XVIᵉ siècle, on doit mentionner des caractères qui sont propres à la langue de Rabelais. Ce dernier a connu, comme nous l'avons indiqué dans la courte biographie donnée plus haut, une éducation et des expériences professionnelles très diverses. Ensuite, ses expériences monastique, universitaire, médicale et scientifique l'ont pourvu d'un vocabulaire d'une grande richesse technique. Sa connaissance du latin et surtout du grec, ses contacts avec l'étranger ont également contribué à enrichir sa capacité d'invention et à sa fantaisie verbale. Enfin, la fréquentation d'une grande diversité de milieux sociaux, des paysans de la région de Chinon aux aristocrates et aux dignitaires de l'Église, lui ont permis de faire usage de niveaux ou de registres de langue très variés.

La veine populaire et obscène

Elle se concentre surtout sur la scatologie[1] et sur les fonctions sexuelles. Rabelais manifeste sur ce point un réalisme qui est peut-être lié à son expérience médicale. Après avoir évoqué la quantité de tripes mangée par Gargamelle, il ajoute : «Ô belle matière fécale que doivoit boursoufler en elle !» La totalité d'un chapitre est consacré aux diverses sortes de «torchecul». Ailleurs, Rabelais mentionne sur un mode comique les divers usages que les géants font de leur urine et les «déluges» qui s'ensuivent.

Quant aux références sexuelles plus ou moins obscènes, elles sont très nombreuses. Un exemple caractéristique apparaît au chapitre 6 de *Gargantua*, dans un échange où Gargamelle, lassée de sa grossesse, lance à son mari : «Plût à Dieu que vous l'eussiez coupé». Parfois, l'obscénité ou le réalisme sexuel se manifeste sous le voile de la fantaisie verbale. C'est le cas dans le long discours de l'«écolier» limousin de *Pantagruel* (chap. 6) qui décrit entre autres les activités sexuelles des étudiants dans les maisons de prostitution.

La fantaisie estudiantine

Rabelais inclut dans son œuvre de nombreux jeux de mots, mauvais tours et plaisanteries à caractère sexuel ou scatologique, où se reflète l'ambiance de la vie estudiantine et ses coutumes. Nous dépassons le réalisme cru d'origine populaire pour rejoindre le domaine d'une imagination débridée. C'est là le domaine des devinettes, des énigmes, des coq-à-l'âne et des équivoques[2].

---

1. *Scatologie* : qui traite des excréments et de tout ce qui s'y rattache.
2. *Équivoques* : mots ou expressions qui peuvent être entendus et compris de deux ou plusieurs façons différentes.

LA VARIÉTÉ VERBALE

Un des caractères les plus évidents de la langue de Rabelais est constitué par sa très grande richesse. La diversité de la langue de Rabelais se manifeste dans l'usage des termes techniques ou concrets, ainsi que dans la variété des tons et des styles. Les références professionnelles ou techniques abondent. Elles relèvent essentiellement de quatre domaines qui furent, à des degrés, divers familiers à Rabelais. Ce sont la religion, le droit, l'éducation et la médecine.

▌Le lexique religieux

Dans de nombreuses scènes de son œuvre, Rabelais fait usage d'un vocabulaire religieux. C'est son expérience monastique qui lui en fournit généralement la matière. Ainsi, dans la scène de l'attaque de l'abbaye, ce sont les mots dits lors de la messe qui sont utilisés dans un contexte comique. La frayeur des moines permet par exemple une parodie du chant grégorien du type « *ini, nim, pe, ne, ne, ne, ne, ne, ne, tum, ne, num, num, ini, i, mi, i, mi, co, o, ne, no, o, o, ne, no, ne, no, no, no, rum, ne, num, num* ». L'écart entre la solennité ou le caractère sacré de ce registre et les contextes très profanes où il est utilisé est source de comique.

▌Le droit, la médecine et l'éducation

Le jargon juridique est souvent présent chez Rabelais. Dans la plupart des cas, il a pour fonction de souligner l'aspect mécanique ou illogique de certaines actions et situations.

Il en est ainsi dans l'épisode de la dispute entre Baisecul et Humevesne et dans celui de la harangue de Janotus de Bragmardo. Des expressions juridiques latines sont intercalées dans les plaidoiries incohérentes des personnages. Elles perdent tout sens dans ce contexte et deviennent ridicules. En voici un exemple tiré du chapitre 12 de *Pantagruel* :

> *Tunc*, Messieurs, *quid juris pro minoribus* ? Car l'usance commune de la loi salique est telle que le premier boutefeu qui escornifle la vache [...] doit [...] sublimer la pénurie de son membre par la mousse cueillie alors qu'on se morfond à la messe de minuit [...].

Quant au vocabulaire médical, il va plutôt dans le sens d'un réalisme comique parfois grinçant. Dans les scènes de guerre, Rabelais détaille les coups et les blessures avec une précision chirurgicale. Frère Jean «escarbouillait la cervelle» de ses ennemis, «délochait les spondyles [vertèbres] du cou», «fendait les mandibules «et » descroullait [défonçait] les omoplates» (chap. 27 de *Gargantua*).

Le vocabulaire technique de l'éducation, et particulièrement le jargon scolastique, est une des sources du comique verbal. Les paroles de Maître Thubal Holopherne et autres précepteurs de Gargantua sont remplies de termes latins employés à l'université. Ce jargon contribue au comique par la distance entre les prétentions savantes des termes et la sottise des méthodes.

▌L'accumulation verbale

Rabelais a l'habitude d'énumérer les termes. On assiste alors à une inflation verbale qui amuse par son aspect disproportionné et «monstrueux». Le premier exemple de ce procédé est fourni par la généalogie des géants. Un autre exemple est celui de l'énumération de sources antiques. Après avoir affirmé que l'extrême joie peut causer la mort, Rabelais ajoute :

> «comme dit Galien, *lib. xii Metho., li. v., De locis affectis, et li. ii, De symptomaton causis*, et comme étant au temps passé advenu témoignent Marc Tulle, *li. i Quæstio. Tuscul.*, Verrius, Aristoteles, Tite Live...» (*Gargantua*, chap. 10).

Tous ces auteurs deviennent ainsi autant d'éléments comiques par leur accumulation dans un contexte qui n'a rien de sérieux.

La longue liste des habitudes du jeune Gargantua prête aussi à rire par sa longueur et sa fantaisie. Citons enfin le cas le plus typique : celui du chapitre 22 de *Gargantua*, qui n'est qu'une liste interminable des jeux de l'enfant Gargantua.

L'INVENTION VERBALE ET LA FANTAISIE

La puissance imaginative que nous venons de noter se manifeste aussi dans la création verbale. Rabelais n'excelle pas seulement à jouer avec les mots et à étourdir son lecteur par la richesse de son lexique, il est aussi créateur. On peut distinguer quatre sortes de créations verbales : l'onomastique, les néologismes, les références fantaisistes et les langues imaginaires.

▌L'onomastique et les néologismes

L'onomastique concerne la création des noms de personnages. Ils sont souvent comiques et suggèrent les qualités des personnages. Le nom de Frère Jean des Entommeures évoque le hachis, dans la langue locale de l'époque. Il fait donc référence à la vigueur physique du moine qui *fait du hachis* de ses ennemis. De même, le nom Picrochole signifie en grec «bile amère», faisant par là référence à la malveillance du personnage. Les deux racines grecques du nom Panurge indiquent que le personnage en question est «capable de tout». D'autres noms, sans avoir de signification aussi précise, sont simplement comiques par leurs sonorités ou leur composition. Il en est ainsi de Janotus de Bragmardo[1].

À côté de ces noms propres, Rabelais se plaît aussi à créer des néologismes, qu'il s'agisse de noms communs ou de verbes. Ainsi de l'expression célèbre «depuis que le monde moinant moina de moinerie» : Rabelais invente le verbe «moiner» et le nom «moinerie» pour produire un effet amusant de répétition.

▌Les références fantaisistes et les langues imaginaires

La créativité verbale de Rabelais se révèle également dans les références fantaisistes dont il émaille son récit. Les prologues de *Gargantua* et de *Pantagruel* fournissent un exemple comique de

---

1. *Janotus* est une forme latine amusante de Jean ou Jeannot.

cette tendance : Rabelais y fait suivre les titres de ses ouvrages de ceux de deux livres imaginaires, *La Dignité des Braguettes* et *Des pois au lard cum commento*. L'évocation de la bibliothèque de Saint-Victor donne lieu, dans *Pantagruel*, à une longue liste d'ouvrages fantaisistes dont les titres sont plus ou moins burlesques : *La Savate de l'humilité, Barbouilamenta Scoti* ou encore *Cacatorium medicorum*.

Rabelais n'hésite pas non plus à créer des langues. On en a deux exemples frappants : d'abord, le français savant à base de racines grecques et latines dont fait usage l'écolier limousin (*Pantagruel*, chap. 6) ; ensuite, dans la scène de la rencontre de Panurge (chap. 9), des répliques entières sont données dans des langues de fantaisie : «Al barildim gotfano dech min brin alabo dordin falbroth ringuam albaras».

LE THÈME DE LA COMMUNICATION

Bonne et mauvaise communication

Comme nous venons de nous en rendre compte, une grande partie de l'œuvre de Rabelais est consacrée à la question de la communication entre les hommes. En fait, l'éducation et la sagesse à laquelle elle doit normalement aboutir sont étroitement liées à une bonne communication. L'univers de Rabelais nous présente ainsi une série de situations ou de personnages comiques qui illustrent les obstacles à la communication entre les hommes. C'est l'occasion pour Rabelais de présenter des tableaux satiriques. C'est aussi et surtout un moyen de mettre l'accent sur les critères de toute communication authentique.

Les obstacles à la communication

Pantagruel est particulièrement riche à cet égard. L'épisode de l'écolier limousin illustre les dangers du jargon prétentieux. La scène de la rencontre de Panurge montre aussi l'aspect comique des obstacles à la communication, tout en mettant en évidence le caractère multiple et insaisissable du personnage. Panurge s'adresse à Pantagruel en treize langues avant de faire usage du français. Les plaidoiries d'Humevesne et de Baisecul donnent lieu à une satire des pratiques juridiques. Plus profondément, elles évoquent aussi, peut-être, les labyrinthes des querelles entre humains, la complexité inextricable des motivations, des accusations et des torts.

Le jugement de Pantagruel qui fait suite à ces plaidoiries, et qui est aussi incompréhensible qu'elles, introduit également un élément de folle fantaisie qui suggère la folie de l'homme. En voici la conclusion :

> Mais ledit défendeur sera tenu de fournir du foin et des étoupes à l'embouchement des chassetrapes gutturales, emburelucocquées de guilverdons, bien grabelés à rouelle. Et amis comme devant, sans dépens, et pour cause. (*Pantagruel*, chap. 12.)

Le chapitre 19 lui aussi aborde le thème de l'incommunicabilité. Il présente avec virtuosité un débat tout entier mené sous forme de gestes entre Thaumaste et Panurge. Les deux personnages entrent dans une conversation par gestes dont nous ne saisissons rien. L'absurdité de la situation est soulignée par le contraste entre l'énigme totale de cet échange et l'intensité qu'y mettent les deux personnages. Un dernier exemple de communication brouillée est constituée par la lettre que Pantagruel reçoit d'une dame de Paris. Il s'agit ici d'une énigme amoureuse qui parodie la courtoisie.

Rhétorique et communication

La rhétorique est une autre clé pour comprendre la conception que Rabelais se fait du langage. Telle que nous la connaissons, elle provient essentiellement d'Aristote, qui l'a constituée en une véritable discipline. Cette discipline, qui figurait parmi les «arts libéraux» (l'équivalent du programme d'enseignement secondaire de l'époque), en compagnie notamment de la grammaire et des mathématiques, a été enseignée durant des siècles aux jeunes élèves. Rabelais l'a apprise lorsqu'il était collégien, tout comme Pantagruel, qui avait «fort bien étudié les sept arts libéraux» (*Pantagruel*, chap. 7). Avant de se réduire à une simple technique d'embellissement du discours (au moyen des figures de rhétorique), la rhétorique a d'abord été une science du langage, un instrument de communication, avec des fonctions précises.

La persuasion rhétorique

Le rhéteur, l'orateur ou l'écrivain utilisant les ressources de la rhétorique cherche traditionnellement à instruire le public, à lui plaire, ou à l'émouvoir. Mais le but essentiel de la rhétorique reste la persuasion. Nous voyons donc quel danger peuvent faire courir les experts en rhétorique, les «sophistes» – comme les appelaient les humanistes – à une société : il leur est facile de se faire admirer, de manipuler les gens, de les persuader au moyen de belles paroles creuses. Ce danger est dénoncé par Rabelais, comme par tous les humanistes, qui cherchent à transmettre des connaissances, non à se rendre «glorieux[1]». Abondent ainsi dans son œuvre des personnages ridicules, dont la virtuosité rhétorique n'est qu'un verbiage masquant la pauvreté morale ou intellectuelle : Janotus utilise des termes de rhétorique («baralipton») sonnant creux (*Gargantua*, chap. 19), le discours de Thaumaste est enflé de prétention (*Pantagruel*, chap. 18), etc.

Rabelais parodie donc souvent les discours rhétoriques, bien construits et riches en termes savants, mais remplis de vent. Ainsi Panurge, expert en art de persuader, qui ne déploie ses talents que pour parvenir à des fins égoïstes et cruelles. C'est d'ailleurs au moment d'exhiber son habileté rhétorique que Panurge dévoile «son visage de fourbe» (*Pantagruel*, chap. 21). Ainsi Rabelais suggère-t-il qu'un mauvais usage de la rhétorique aboutit non seulement à une absence de communication, mais à un endoctri-

---

1. Voir lecture analytique 1, p. 94.

nement : les hommes n'échangent plus leurs idées, ils se font abuser par de beaux et vains discours.

▌L'échange rhétorique

Mais les discours de Panurge ne montrent que l'envers négatif de l'art du langage. La rhétorique peut aussi élever celui qui en maîtrise les subtilités, car, pour un humaniste, l'homme acquiert sa dignité s'il se montre capable de communiquer, de transmettre sa pensée et, par sa parole mesurée, d'œuvrer pour le bien de la collectivité[1]. C'est la raison pour laquelle les amis des géants sont souvent réunis en conversations et autres joyeux et «beaux propos» (voir les titres des chapitres 5 et 39 du *Gargantua* : «Les propos des bien ivres» et «Comment le moine fut fêté par Gargantua et des beaux propos qu'il tint en soupant»). Le langage de la conversation, chez Rabelais, est un témoignage de la bonne rhétorique, celle qui réunit les êtres, non celle qui cherche à les éblouir.

La rencontre de Gargantua avec Eudémon, juste après avoir suivi les cours des maîtres sophistes, illustre cette opposition. Eudémon, simple enfant de douze ans, maîtrise l'art rhétorique de façon si parfaite que son discours, modèle d'ordre, de politesse et de langage «fleuri», fait pleurer le jeune géant (*Gargantua*, chap. 15). Rabelais montre ainsi à quoi la maîtrise de la bonne rhétorique doit aboutir : à une courtoisie parfaite, autrement dit à l'excellence dans les rapports humains. Si le jeune Gargantua pleure, c'est qu'il réalise que l'enseignement des mauvais professeurs sophistes l'empêchera d'accéder jamais à cette perfection. Le versant positif de la rhétorique est donc une autre clé pour comprendre la position de Rabelais sur la langue : maîtriser le langage, c'est communiquer pleinement. C'est aussi mettre en ordre le monde, et s'humaniser.

---

1. Voir lecture analytique 1, p. 94.

TROISIÈME PARTIE

Lectures
analytiques

Texte 1 | *Pantagruel*, chapitre 8
(translation en français moderne)

Pour parfaire et achever cette entreprise, je n'ai rien épargné, tu as toute raison de t'en souvenir ; mais je t'ai aidé en cela comme si je n'avais d'autre trésor en ce monde que l'espérance de te voir une fois dans ma vie accompli et parfait,

5 aussi bien en vertu, en noblesse de cœur et en sagesse, qu'en tout savoir digne d'un homme libre et noble de cœur, et ainsi formé de te laisser après ma mort comme un miroir me représentant, moi, ton père, excellent et conforme à mes désirs sinon dans tes actes, du moins dans tes intentions.

10 Mais encore que feu mon père, Grandgousier, présent dans toutes les mémoires, eût consacré tout son soin à me voir progresser en perfection et savoir politique et que mon travail et mon application correspondissent tout à fait à son désir, et même allassent encore plus loin, toutefois, comme

15 tu peux bien le comprendre, le temps n'était pas aussi favorable et propice à l'étude des lettres qu'à présent, et je ne disposais pas d'autant de précepteurs que toi.

Les temps étaient encore ténébreux, se ressentant du malheur et des calamités causés par les Goths, qui avaient

20 mis à sac toute bonne littérature ; mais, par la bonté divine, prestige et dignité ont été, de mon vivant, rendus aux lettres et j'y vois une telle amélioration qu'à présent je serais difficilement admis dans la classe élémentaire des jeunes potaches, moi qui, en mon âge mûr, étais réputé (non à tort)

25 le plus savant du siècle. Je ne dis pas cela par vaine gloriole – encore qu'on puisse trouver méritoire de me vanter auprès de toi dans une lettre, si tu en crois Cicéron en son livre *De la Vieillesse*, et d'après la sentence de Plutarque au livre intitulé *Comment on peut se louer sans encourir de blâme* -, mais

30 pour te donner le désir de viser plus haut.

INTRODUCTION

Situer le passage

Le jeune géant Pantagruel est parti étudier à Paris. Il se rend à la bibliothèque de l'abbaye de Saint-Victor, très riche en ouvrages de scolastique médiévale (chapitre 7). Les moines de cette abbaye étant hostiles aux nouvelles idées humanistes, l'enseignement que Pantagruel y trouve s'avère stupide et inutile. Il reçoit alors une lettre de son père Gargantua l'invitant à profiter du dynamisme intellectuel de l'humanisme pour approfondir ses connaissances. Tout comme dans le *Gargantua*, Rabelais oppose donc ici deux éducations, l'une rétrograde, l'autre éclairée. Cette lettre très célèbre, empreinte de morale et de religion, pose les bases de l'humanisme érudit.

Dégager des axes de lecture

Le passage se situe au moment où Gargantua glorifie le savoir : Pantagruel doit devenir savant pour se montrer digne des espérances de son père. Mais ce texte comporte certaines ambiguïtés, et l'on peut se demander ce que dissimule le désir du père de voir briller son fils.

UNE GLORIFICATION HUMANISTE DU SAVOIR

L'humanisme se caractérise par la passion de la connaissance, associée à une profonde liberté intellectuelle. Gargantua se voue ici pleinement à cette cause : conformément à l'esprit humaniste, sa lettre glorifie le savoir.

L'image du savant

Le géant insiste particulièrement sur le rapport entre le savoir et la liberté : il souhaite voir son fils s'accomplir «en tout savoir digne d'un homme libre et noble de cœur» (l. 6). Le principe fondamental

de la liberté intellectuelle, clé de la pensée d'Érasme, un des fon-
dateurs de l'humanisme[1], est ici posé : le savant humaniste ne se
laisse pas inféoder par une école de pensée dominée par un maître.

Gargantua associe à cette liberté des concepts positifs, en particulier ce que notre adaptation en français moderne appelle la
«noblesse de cœur» (l. 5) mais que le texte original désigne par le
substantif *honesteté* et l'adjectif *honeste*. À l'époque, l'honnêteté
renvoie aux idées générales de probité, de conformité à la morale, de grandeur d'âme, etc. Il s'agit donc bien de noblesse, mais
d'une noblesse de comportement et de pensée.

Fort de cette haute qualité, le savant humaniste peut œuvrer
pour le bien de la société : son savoir, en effet, est «politique»
(l. 12). Le sens de cet adjectif est large à l'époque : il désigne tout
ce qui concerne la vie de la cité, le gouvernement du royaume.
Gargantua a donc acquis des connaissances utiles à la collectivité. Ainsi l'humaniste est-il apte à guider les autres hommes. Mais
cette supériorité, qu'il tient de son seul travail, ne s'exerce qu'à
l'encontre des ignorants et des ennemis du savoir.

▌Les ennemis du savoir

Pour mieux valoriser l'humanisme, Gargantua prend soin de
rappeler que l'époque n'a pas toujours favorisé les savants. L'idée
d'obstacle au savoir est d'abord exprimée par le célèbre mythe
humaniste des «ténèbres gothiques». Les «temps ténébreux»
(l. 18) est une allusion à ce mythe, historiquement faux, mais
auquel croyaient les humanistes. Selon eux, le Moyen Âge aurait
été une période d'obscurantisme et de barbarie. Cette période,
dans l'imaginaire humaniste, est personnifiée par les «Goths»
(l. 19). *Goth* est tiré de *Gog*, nom d'un cruel roi païen dans la Bible
(Apocalypse, XX, 7). Les humanistes qualifiaient souvent l'enseignement scolastique de «gothique».

---

1. Voir problématique 1, p. 40.

L'obstacle au savoir est également suggéré par la métaphore de la mise à sac (l. 20) et des «calamités» (l. 19), qui assimile l'obscurantisme à l'invasion d'une armée ennemie. Cette métaphore insiste sur la dangerosité de la pensée scolastique, qui fait régresser l'humanité dans les ténèbres.

Le savant humaniste apparaît donc comme le sauveur de la connaissance, qui fera reculer les Goths.

LES RELATIONS DE PÈRE À FILS

Gargantua glorifie le savoir et vante les qualités du savant humaniste pour stimuler chez son fils le désir de se conformer à cet idéal. Lui-même ayant été un savant, il s'agit maintenant de transmettre au jeune Pantagruel un modèle à suivre. Mais on peut s'interroger sur cette transmission et sur la nature des relations que le père entretient avec son fils.

Un modèle à suivre

Le modèle du père apparaît comme un idéal à suivre, non seulement parce qu'il est conforme à celui du savant humaniste, mais aussi et surtout parce qu'il est imposé au moyen de certaines images qui visent directement la sensibilité de Pantagruel : c'est par des images touchantes que Gargantua crée chez son fils le désir de l'imiter.

On relève d'emblée la métaphore initiale du «trésor» (l. 3), qui décrit de manière hyperbolique l'attention portée par le père à son fils. Le fait de préciser que Gargantua n'a «rien épargné» pour «aider» Pantagruel (l. 2) le fait apparaître comme un père généreux. En outre, en évoquant sa propre mort ainsi que celle de Grandgousier (l. 10), Gargantua fait entrer dans son discours une grande part d'émotion. La sensibilité du jeune géant ayant été fortement impliquée, celui-ci se trouve mieux disposé à suivre le modèle recommandé par son père.

Un modèle contraignant

Mais un tel modèle semble contraignant, difficile à suivre. Gargantua fait de son propre apprentissage du savoir un exploit : non seulement ses études «correspondent» au désir de Grandgousier, mais elles vont «encore plus loin» (l. 14). Correspondre aux souhaits du père nécessite un effort, les dépasser suppose un degré supplémentaire dans cet effort.

Il est même possible que la contrainte ne vienne pas seulement de l'image de savant à laquelle Pantagruel doit se conformer, mais de Gargantua lui-même. En rappelant avec insistance que «le temps n'était pas aussi favorable et propice à l'étude des lettres qu'à présent» (l. 15-16), et qu'il n'avait «pas autant de précepteurs» que Pantagruel, Gargantua suggère que l'acquisition du savoir est désormais facile, ce qui laisse peu de possibilités au jeune géant de ne pas devenir savant. On remarque que la générosité de Gargantua est rappelée d'une manière sans doute trop appuyée : «tu as toute raison de t'en souvenir» (l. 2). Cette insistance n'est-elle pas de nature à créer chez Pantagruel un sentiment de culpabilité s'il décidait de ne pas se conformer au modèle paternel ?

Autrement dit, le discours de Gargantua peut être interprété non comme une invitation au savoir, mais comme une interdiction d'échouer.

UN RAPPORT AMBIGU AU SAVOIR

Dès lors, Gargantua semble apparaître comme une figure négative, une caricature du savant humaniste, préférant l'accumulation des connaissances au développement de la pensée.

Un savoir écrasant

Le discours de Gargantua se caractérise par une hyperbolisation qui peut être interprétée comme une conception cumulative et compilative du savoir. En témoigne d'abord l'abondance des occurrences de l'indéfini de la totalité *tout* (l. 2, 6, 11...), qui confère à ce discours une tonalité hyperbolique rejaillissant sur la nature du savoir glorifié par Gargantua. Le groupe nominal «en tout savoir» (l. 6) traduit bien les intentions du géant : voir son fils accumuler toutes les connaissances possibles.

Or, cette accumulation, qui n'accorde d'importance qu'à la quantité des savoirs et qui relègue l'élève au second plan, est suspecte aux yeux des humanistes. Ce point sera critiqué dans le *Gargantua*. L'ampleur écrasante du savoir exigé par le père peut aller à l'encontre du développement de la personnalité du fils. Cela n'est pas dit explicitement, mais le relatif effacement que subit la personnalité de Pantagruel devant l'autorité de la parole paternelle pourrait le suggérer. On constate en effet que les manifestations grammaticales du moi de Gargantua sont majoritaires, avec les pronoms *je*, *me* et *moi* et les possessifs *mon* et *mes*. Inversement, les occurrences des pronoms et des déterminants possessifs de la deuxième personne (*tu, te, toi*...) désignant Pantagruel sont moins fréquentes. En témoignent aussi l'image du miroir et l'idée de conformité (l. 7), qui impliquent que Pantagruel aura pour seule identité celle que lui imposera le modèle autoritaire de Gargantua, dont il ne sera que le reflet.

La «vaine gloire»

Mais le personnage de Gargantua semble surtout affecté d'un défaut, condamné par l'humanisme érasmien, et nommé en latin *vana gloria*, la «vaine gloire». Gargantua prend d'ailleurs la peine de s'en défendre lui-même, ce qui montre combien il en est proche : «je ne dis pas cela par vaine gloriole» (l. 25).

La «vaine gloire» est certes un défaut, mais elle est surtout, pour les humanistes, un vice : celui de la prétention, de l'orgueil. Le «glorieux» est celui qui se vante, le plus souvent sans raison, et cherche à se faire valoir au détriment d'autrui. Ce vice est même pour certains un péché, voire la source du mal sur terre, car il est la négation du principe chrétien de charité, qui consiste à regarder l'autre avec l'importance et l'amour qu'il mérite. Érasme lui consacre une grande partie de son *Éloge de la Folie* (1511), traité dénonçant sur le mode comique les diverses folies des hommes, et dont s'inspire beaucoup Rabelais (celui-ci parle à plusieurs reprises de la «vaine gloire» dans son œuvre, en particulier dans le *Tiers Livre*).

Or, on remarque que, si Gargantua se défend de tomber dans la «vaine gloriole», il semble tirer plaisir d'être «réputé [non à tort] le plus savant du siècle» (l. 24-25) : l'hyperbole est plus digne d'un vaniteux que d'un savant modeste, de même que le souci de sa réputation, qui est une caractéristique traditionnelle du «glorieux». Surtout, il réclame le droit de se «vanter» malgré tout (l. 26). Enfin, s'il parle avec l'humilité du chrétien en signalant que c'est «par la bonté divine» que «prestige et dignité ont été [...] rendus aux lettres» (l. 21), il s'empresse d'ajouter que la chose s'est produite «de [s] on vivant», ce qui semble le présenter comme le véritable responsable de la restitution des lettres, avant Dieu lui-même.

CONCLUSION

Gargantua, à bien des égards, apparaît ici comme une figure ambiguë, auteur d'un discours voué autant à la gloire de l'humanisme que de lui-même. Les spécialistes de Rabelais n'ont pas encore défini avec certitude la teneur de cette lettre. Certains y voient une glorification sans équivoque du savoir humaniste, d'autres penchent pour une dénonciation par Rabelais – et ce au détriment de Gargantua qui serait ici un représentant du monde médiéval – des conceptions scolastiques du savoir comme simple compilation de connaissances destinées à se rendre «glorieux». On remarquera que, au début du chapitre 10, après avoir exhibé ses connaissances en public, Pantagruel est effectivement sur la pente de la «vaine gloire». Mais, par la suite, c'est Panurge qui endossera le rôle du glorieux (au début du chapitre 21), de manière à laisser le géant jouer pleinement celui du sage humaniste.

Texte 2 | *Pantagruel*, chapitre 32
(translation en français moderne)

Je montai donc par-dessus le mieux que je pus, et je cheminai bien deux lieues sur sa langue, si bien que j'entrai
dans sa bouche.

Mais, ô dieux et déesses, que vis-je là ? Que Jupiter me
5   terrasse de son triple foudre, si je mens à ce sujet. J'y cheminais comme l'on fait dans l'église Sainte-Sophie à
Constantinople, et j'y vis des rochers, aussi grands que les
monts de Dantzig, je crois que c'étaient ses dents, et de
grands prés, de grandes forêts, de puissantes et grosses
10 villes, aussi grandes que Lyon ou Poitiers.

La première personne que j'y rencontrai, ce fut un bonhomme qui plantait des choux. Aussi, tout ébahi, lui
demandai-je : «Mon ami, que fais-tu ici ?

– Je plante des choux, dit-il.

15 – Et pourquoi et comment ? dis-je.

– Ha, messire, dit-il, tout le monde ne peut pas avoir les
couillons aussi pesants qu'un mortier, et nous ne pouvons
pas tous être riches. Je gagne ainsi ma vie, et je vais les
vendre au marché dans la cité qui est là derrière.

20 – Jésus, dis-je, il y a ici un nouveau monde ?

– Certes, dit-il, il n'est pas nouveau ; mais l'on dit bien
que, hors d'ici, il y a une terre neuve où ils ont soleil et lune,
et tout plein de belles affaires ; mais celui-ci est plus ancien.

– Oui, mais, dis-je, mon ami, quel nom porte cette ville
25 où tu vas vendre tes choux ?

– Elle porte le nom, dit-il, d'Aspharage, et les habitants
sont des chrétiens, gens de bien, qui vous feront un bon
accueil.»

Bref, je décidai d'y aller.

INTRODUCTION

Situer le passage

Nous sommes à la fin du roman. Les «faits et prouesses épouvantables» de Pantagruel s'achèvent par la victoire sur Anarche, roi des Dipsodes, qui a tenté de conquérir le pays des géants. Pantagruel décide d'aller envahir le royaume de ses ennemis, afin que la victoire soit totale. En chemin, son armée est surprise par une averse. Alcofribas, le narrateur qui accompagne le géant, se protège de la pluie en entrant dans la bouche du géant. Là, il découvre un pays inconnu.

Dégager des axes de lecture

Cet épisode du *Pantagruel* est l'un des plus marqués par l'influence des cultures populaires. Rabelais exploite le célèbre thème folklorique de l'avalage, directement associé au mythe des géants. Mais il ne se contente pas de sacrifier au genre du récit folklorique : ce thème lui fournit surtout l'occasion de parodier un genre littéraire en vogue, celui des récits de voyage, afin de nous proposer sa vision du monde et sa conception des relations entre les hommes.

UN ÉPISODE CÉLÈBRE

La tradition folklorique

Rabelais emprunte cet épisode au folklore. Une des fonctions traditionnelles des géants étant le transport de gens, d'animaux, voire de contrées entières, qu'ils portent sur leur dos, dans leur poche ou, tout simplement, qu'ils avalent puis recrachent, un almanach de l'époque raconte comment des soldats venus égorger Gargantua s'égarent dans sa bouche et périssent noyés au moment où le géant décide de boire, excepté trois d'entre eux qui trouvent refuge dans une dent creuse.

Ici, conformément aux légendes folkloriques, les parties du corps de Pantagruel deviennent une topographie[1] : Alcofribas circule dans la «bouche» du géant (l. 3), il voyage sur sa «langue» (l. 3), entre des «dents» ressemblant à des «rochers» ou à des «monts» (l. 7-8). Le gigantisme de Pantagruel est plus affirmé que dans le reste du roman, de manière à nous plonger dans l'univers du folklore. En outre, comme dans l'almanach, la bouche est un lieu plus ou moins protecteur : on y «gagne [s]a vie» (l. 18), on y trouve des «gens de bien» (l. 27). À la fin de l'épisode, on s'aperçoit que, au moment où Alcofribas quitte la bouche du géant, six mois se sont écoulés, durant lesquels Pantagruel et son armée ont conquis un nouveau pays. Alcofribas a été transporté d'un lieu vers un autre durant son séjour dans la bouche de Pantagruel.

La référence à Lucien

Mais Rabelais ne s'inspire pas que des légendes. Il fait de fréquents emprunts à Lucien de Samosate[2]. Dans son *Histoire véritable*, Lucien imagine un épisode qui deviendra célèbre : un navire ayant été englouti par un monstre, les marins découvrent dans sa bouche des forêts, des montagnes, des lacs, diverses créatures étranges, ainsi que deux naufragés plantant des choux. Le fait qu'Alcofribas rencontre «un bonhomme qui plantait des choux» (l. 11-12) est un souvenir de cet épisode.

Les références au folklore et à Lucien permettent donc à Rabelais de créer un épisode dont le comique repose sur un décalage des proportions : le corps de Pantagruel devient tout à coup un paysage, son intériorité est décrite comme un espace extérieur.

L'originalité de Rabelais

Mais Rabelais ne se contente pas de citer l'almanach et Lucien. Il apporte à cet épisode célèbre sa propre originalité. Alors que

---

1. *Topographie* : configuration d'un terrain, d'un pays.
2. Voir problématique 2, p. 51.

chez Lucien les marins avalés rencontrent des créatures fabuleuses, mi-humaines, mi-animales, et seulement deux planteurs de choux s'adaptant tant bien que mal à une situation difficile, Alcofribas ne rencontre qu'*un* planteur de choux et, surtout, il trouve une société et une économie tout aussi perfectionnées qu'en France : le «bonhomme» y» gagne sa vie», il vend ses choux «au marché» dans une «cité» nommée «Aspharage» (l. 26). Or, ces détails ne figurent dans aucune des sources de Rabelais. En outre, l'influence de Lucien renvoie à une tradition strictement littéraire, donc savante. D'ailleurs le nom de la ville, *Aspharage* («ville du gosier»), est grec, et nécessite, pour être compris, un savoir peu accessible au public des légendes folkloriques. L'originalité de Rabelais consiste donc à inventer pour cet épisode des détails inédits, et à mêler deux cultures opposées, la culture populaire et la culture savante.

Pourquoi Rabelais opère-t-il une telle fusion ? Nous allons voir qu'il s'agit de dépasser un certain comique populaire associé traditionnellement aux géants pour créer un humour plus cultivé, plus philosophique.

LA PARODIE DES RÉCITS DE VOYAGE

On peut partir du principe que le comique folklorique est accessible à tous et qu'il cherche à susciter le rire, alors que l'humour cultivé fait sourire parce qu'il repose sur la connivence, la complicité avec un lecteur savant partageant les mêmes références livresques que l'auteur. Ici, il s'agit de sourire d'un genre littéraire en vogue à l'époque : celui des récits de voyage.

▌Les récits de voyage

La Renaissance est l'héritière des récits de voyage du Moyen Âge. C'est l'époque de la découverte des Indes et du continent américain, le «Nouveau Monde», selon l'expression consacrée. De nombreux découvreurs (comme par exemple Jean de Léry, auteur de l'*Histoire d'un voyage en la terre du Brésil*, 1578) explorent le monde et consignent leurs observations dans des récits truffés d'exotisme mais aussi de réflexions sur la variété de la Création et la place de l'homme dans l'univers.

Rabelais glisse des allusions précises à ce genre de récits, notamment avec les groupes nominaux «nouveau monde» (l. 20) et «terre neuve» (l. 22), qui sont d'exacts synonymes. La répétition ainsi créée a un effet d'insistance, elle accentue l'allusion au récit de voyage. Par ailleurs, le personnage qui fait l'expérience de ce «nouveau monde» est Alcofribas. Or, Alcofribas est le narrateur. Il endosse même explicitement le statut d'auteur : Rabelais ne signe pas le *Pantagruel* de son nom, mais du pseudonyme «Alcofribas Nasier». C'est donc une figure auctoriale qui pénètre dans la bouche de Pantagruel et se pose en découvreur : le procédé suggère que la narration rabelaisienne devient à ce moment-là un pur récit de voyage.

La parodie

Cependant, ici, les allusions sont parodiques[1]. Si le comique populaire repose, comme nous l'avons vu, sur le décalage entre les proportions, l'humour parodique, lui, repose sur le décalage entre les textes. C'est la raison pour laquelle nous avons parlé d'humour cultivé : pour que la parodie soit identifiée, il faut que le lecteur connaisse le texte parodié et repère le décalage.

Quelles sont les marques de ce décalage ? Rabelais conserve une partie des caractéristiques d'un récit de voyage, tout en modifiant radicalement l'autre partie. Le décalage porte d'abord sur la description du «nouveau monde». Alcofribas, conformément au genre du récit de voyage, décrit le pays visité par référence au monde connu. C'est là, en effet, une constante des récits de découvreurs : la réalité observée étant nouvelle, donc inconnue, il est nécessaire de la comparer avec celle que les lecteurs connaissent.

---

1. *Parodie* : imitation, sur le mode humoristique, d'un genre, d'un texte ou d'un style.

Par exemple, Jean de Léry compare le Brésil à l'Europe, un animal inconnu comme le tatou est rapproché du hérisson, etc.

Alcofribas fait la même chose. Il découvre «de puissantes et grosses villes, aussi grandes que Lyon ou Poitiers» (l. 9-10). Le décalage réside dans le fait que ces villes se dressent non pas dans un espace géographique, mais dans un espace buccal (si l'on peut dire). Le décalage est plus fort encore dans les autres comparaisons : non seulement c'est une *bouche* qui est comparée à «l'église Sainte-Sophie à Constantinople» et aux «monts de Dantzig» (l. 8), mais en plus la géographie de référence est elle-même étrangère aux lecteurs de Rabelais.

Le décalage porte aussi sur les réactions psychologiques d'Alcofribas. Dans les récits de voyage, le découvreur signale en permanence son émerveillement, en constatant à quel point sa vision du monde se modifie et s'élargit au contact de cultures différentes. Alcofribas s'avoue «ébahi» (l. 12), il ponctue son récit d'exclamations : «ô dieux et déesses, que vis-je là ? Que Jupiter me terrasse» (l. 4), ou encore «Jésus» (l. 20). Mais son émerveillement aboutit à un constat inattendu : la culture qu'il découvre est foncièrement *identique* à la sienne. L'étranger se livre à l'une des opérations les plus banales qui soient pour un paysan français : il plante des choux, ce monde «n'est pas nouveau» (l. 21) et il est peuplé de «chrétiens» (l. 27). Enfin, la métaphore désignant la richesse, établie sur une comparaison entre des «couillons» et un «mortier» (l. 17), est bien triviale. On attendrait des propos plus intéressants de la part d'un étranger dont un découvreur nous présente la culture. Tous ces contrastes avec les récits de voyage habituels sont significatifs de la parodie.

UNE INVITATION AU VOYAGE

On ne peut identifier une parodie sans se demander quel est son enjeu. Nous allons voir que, bien loin de ridiculiser les récits des découvreurs, cet épisode semble au contraire contenir les bases d'une invitation au voyage, au bout duquel le découvreur trouvera une leçon à méditer.

Le désir de découvrir

L'humanisme est favorable aux voyages, dès lors qu'ils favorisent l'enrichissement intellectuel. Dans le *Pantagruel*, Gargantua écrit à son fils une lettre célèbre l'invitant à rechercher tous les moyens d'approfondir ses connaissances : «Qu'il n'y ait mer, rivière, ni source dont tu ignores les poissons ; tous les oiseaux du ciel, tous les arbres, arbustes et les buissons des forêts, toutes les herbes de la terre [...] tous les pays de l'Orient et du Midi, que rien ne te soit inconnu» (*Pantagruel*, chap. 8). Cette phrase est une invitation au voyage, à la découverte.

Il faut se souvenir qu'Alcofribas est entré dans la bouche du géant dans le but de se mettre à l'abri de la pluie. À ce moment-là, il semble plutôt craintif («je m'étais caché», avoue-t-il). Or, dès qu'il découvre le «nouveau monde», son attitude se transforme radicalement : non seulement il décide de l'explorer – «je décidai d'y aller», dit-il (l. 29) – mais il y vivra «plus de six mois», comme nous l'apprend la fin du chapitre. Le verbe *décider* (l. 29) montre un Alcofribas plein de volonté. Cet élan est celui que confère l'enthousiasme de la découverte. Il est donc difficile de soupçonner une parodie destinée à ridiculiser les découvreurs.

Une leçon de tolérance

Quelle leçon Rabelais nous donne-t-il ici ? Non seulement ce «nouveau monde» est exactement identique à celui d'Alcofribas, mais en plus ces mondes entretiennent un rapport de réciprocité. Rabelais marque ce rapport au moyen d'une inversion, lorsque le planteur de choux avoue croire en l'existence d'une «terre neuve» de l'autre côté de la bouche : «On dit bien que, hors d'ici, il y a une terre neuve où ils ont soleil et lune, et tout plein de belles affaires» (l. 21-23). Les deux mondes partagent les mêmes caractéristiques et les mêmes croyances. La bouche de Pantagruel est donc comme un miroir, dans lequel le monde d'Alcofribas et celui du gosier ne font que se refléter mutuellement. Rabelais exprime ce phénomène par un chiasme[1] : alors qu'Alcofribas constate qu'«il y a ici un nouveau monde», l'autre lui répond qu'«hors d'ici il y a une terre neuve». Les groupes nominaux «nouveau monde» et « terre neuve», en s'entrecroisant (nouveau = neuve, monde = terre), indiquent que c'est le planteur de choux qui est en train de devenir à son tour un découvreur.

Rabelais nous enseigne ainsi à nous méfier de nos préjugés, voire de nos peurs : quoique bien différents et vivant dans des contrées «étranges», nos voisins peuvent s'avérer fondamentalement semblables à nous. On constate d'ailleurs une certaine fierté naïve et teintée de chauvinisme chez le planteur de choux : bien qu'il ne connaisse rien du monde d'Alcofribas, il prétend que son monde à lui «est plus ancien» (l. 23). Rabelais se moque de cet homme qui tient à se montrer supérieur à son voisin alors qu'il ne le connaît pas. Comme le déplorera Alcofribas au terme de son séjour dans la bouche du géant, «la moitié du monde ne sait pas comment l'autre vit».

CONCLUSION

Ce texte est un bon exemple des enjeux de l'intertextualité chez Rabelais. Il ne s'agit pas de citer simplement tel texte ou telle légende, mais de les utiliser à des fins originales, de les mettre au service des grandes idées humanistes. Ici, l'exploitation d'un thème folklorique célèbre permet une réflexion sur la place de l'homme dans la création divine. Le rôle du comique parodique est de rendre la leçon plus efficace (on retient mieux lorsque l'on rit).

---

1. *Chiasme* : disposition en ordre inverse de deux groupes de mots syntaxiquement identiques.

Texte 3 | *Gargantua,* prologue
(translation en français moderne)

Buveurs très illustres et vous, vérolés très précieux (c'est à vous, à personne d'autre que sont dédiés mes écrits), dans le dialogue de Platon intitulé *Le Banquet*, Alcibiade faisant l'éloge de son précepteur Socrate, sans conteste prince des
5 philosophes, le déclare, entre autres propos, semblable aux silènes. Les silènes étaient jadis de petites boîtes comme on en voit à présent dans les boutiques des apothicaires ; au-dessus étaient peintes des figures amusantes et frivoles : harpies, satyres, oisons bridés, lièvres cornus, canes bâtées,
10 boucs volants, cerfs attelés et autres semblables figures ima-ginaires, arbitrairement inventées pour inciter les gens à rire, à l'instar de Silène, maître du bon Bacchus. Mais à l'in-térieur, on conservait les fines drogues comme le baume, l'ambre gris, l'amome, le musc, la civette, les pierreries et
15 autres produits de grande valeur. Alcibiade disait que tel était Socrate, parce que, ne voyant que son physique et le jugeant sur son aspect extérieur, vous n'en auriez pas donné une pelure d'oignon tant il était laid de corps et ridicule en son maintien : le nez pointu, le regard d'un taureau, le visa-
20 ge d'un fol, ingénu dans ses mœurs, rustique en son vête-ment, infortuné au regard de l'argent, malheureux en amour, inapte à tous les offices de la vie publique ; toujours riant, toujours prêt à trinquer avec chacun, toujours se moquant, toujours dissimulant son divin savoir. Mais en
25 ouvrant une telle boîte, vous auriez trouvé au-dedans un céleste et inappréciable ingrédient : une intelligence plus qu'humaine, une force d'âme prodigieuse, un invincible courage, une sobriété sans égale, une incontestable sérénité, une parfaite fermeté, un incroyable détachement envers
30 tout ce pour quoi les humains s'appliquent tant à veiller, courir, travailler, naviguer et guerroyer.

INTRODUCTION

Situer le passage

Le texte se situe au début du prologue du *Gargantua*. Un prologue est une étape stratégique qui présente plusieurs caractéristiques. Le roman ne commence pas réellement (les personnages ne sont pas mentionnés). Ce n'est pas la voix du narrateur qui se fait entendre mais celle de l'auteur. Ce dernier établit un «pacte de lecture» avec ses lecteurs : il s'agit de définir le contenu du roman et la manière de l'interpréter.

Dégager des axes de lecture

Rabelais choisit de débuter le prologue avec le portrait du sage Socrate, porte-parole privilégié de la philosophie platonicienne[1]. De cette façon, il nous fait comprendre que son roman, bien que comique, contient une sagesse qu'il importe de savoir repérer entre les lignes. Afin de définir cette sagesse, nous nous demanderons d'abord comment est construit ce portrait philosophique ; nous étudierons ensuite son esthétique, et enfin la leçon morale qui s'en dégage.

L'ART DU PORTRAIT

Dans la suite du prologue, Rabelais va montrer qu'il existe une analogie entre son roman et le vieux sage grec. En effet, si, ici, il nous invite à découvrir la sagesse de Socrate dissimulée sous une apparence grotesque, il écrit plus bas : «Vous dites vous-mêmes que l'habit ne fait point le moine [...]. C'est pourquoi il faut ouvrir le livre et soigneusement peser ce qui y est exposé». Les vertus de Socrate seront donc celles du roman. Celles-ci sont d'emblée mises en valeur par une construction rigoureuse du portrait.

---

1. Sur Platon, voir problématique 4, p. 65.

La logique du portrait

Face à une description ou à un portrait, il faut se demander si le point de vue suit un ordre, une logique. Ici, Rabelais commence par décrire le physique, l'«aspect» (l. 17) de Socrate, puis il passe à son intériorité, en utilisant la métaphore de l'ouverture de la boîte (l. 25). Un premier niveau logique apparaît ainsi : le portrait de Socrate repose sur l'antithèse entre deux domaines, le visible et le caché.

On constate ensuite que, pour ces deux domaines, le regard du portraitiste adopte une nouvelle logique : l'apparence de Socrate est décrite en partant du «visage» (l. 19-20) puis nous passons à son «vêtement» (l. 20), ensuite à son «argent» (l. 21), à ses amours, et enfin à son inaptitude à la «vie publique» (l. 21-22). Le point de vue s'élargit donc progressivement : nous considérons Socrate de près avant d'examiner sa manière de vivre. Celle-ci s'étend aussi : les thèmes de l'amour et de la vie publique décrivent Socrate dans ses relations à autrui sur un mode de plus en plus élargi (nous passons des partenaires amoureux à l'ensemble de la société). Rabelais procède de la même façon pour décrire l'intériorité de Socrate : il passe de son esprit («intelligence», «force d'âme», «courage», etc.) à sa vision globale de la société («détachement envers» les activités humaines). Le portrait est donc rigoureusement élaboré, ce qui laisse préjuger des qualités de construction du roman dont Socrate est l'emblème.

La richesse du portrait

Ce portrait se caractérise également par un luxe de détails très variés, qui font sa précision et, surtout, sa richesse. On constate ainsi que les aspects de Socrate sont décrits à l'aide de nombreux adjectifs qualificatifs : «pointu», «ingénu», etc. La richesse du portrait s'appuie aussi sur l'hyperbole : l'adverbe de haut degré «tant» (l. 18), le déterminant indéfini «tous» (l. 22), la répétition de l'adverbe «toujours» (l. 22-24) les épithètes superlatives «céleste», «inappréciable», «prodigieuse» (l. 26-27), etc., frappent l'imaginaire du lecteur et indiquent la valeur positive du personnage.

L'organisation phrastique va dans le même sens. Rabelais évite d'enchaîner les caractéristiques de Socrate au moyen de connecteurs (du type *de plus*, *et puis*, etc.) : celles-ci sont simplement juxtaposées, entassées, comme dans de simples listes. Les facettes du personnage se suivant librement, ce qui crée l'impression que la liste des qualités de Socrate pourrait continuer indéfiniment. Ces qualités s'imposent ainsi par leur abondance.

Cette idée d'abondance est la clé d'une esthétique reposant sur la variété, la diversité, le mélange des genres et des tons[1].

UNE ESTHÉTIQUE DE LA DIVERSITÉ

Le projet romanesque de Rabelais consiste à mêler toutes les formes de comique à des préoccupations élevées, d'ordre philosophique, moral, politique, etc. Le portrait de Socrate est annonciateur de cette esthétique.

Le ton du bonimenteur

Un premier aspect de ce mélange consiste à faire débuter le prologue par la référence à Platon, philosophe peu connu pour sa gaieté, puis à l'associer au dieu de l'ivresse Bacchus (l. 12), le tout sur le ton d'un bonimenteur de foire. Alcofribas apostrophe ses lecteurs dès la première phrase. Cette apostrophe, marquée par le pronom personnel «vous» (l. 1), va se prolonger tout au long du texte, comme le ferait un bonimenteur soucieux de conserver le contact avec l'auditoire auquel il cherche à vendre sa marchandise.

Cependant, nous ne sommes pas sur un champ de foire mais au début d'un prologue. Cette étape sert à établir l'image du bon lecteur. Ce lecteur est défini au moyen d'un paradoxe : Rabelais associe des appellatifs relevant d'un lexique bas et péjoratif

---

1. Voir problématique 7, p. 84-88.

(«buveurs», c'est-à-dire ivrognes ; «vérolés», l. 1) à des épithètes d'autant plus valorisantes qu'elles sont affectées de l'adverbe hyperbolique «très» : «très illustres», «très précieux» (l. 1). Ces formules oxymoriques[1] imitent le ton comique du bonimenteur, qui tend toujours à provoquer l'auditoire pour attirer son attention.

Un cabinet de curiosités

Le XVIe siècle est l'époque des collections de curiosités : les collectionneurs réservaient chez eux des pièces (appelées «cabinets», du picard *cabine*, «petite chambre») où ils entassaient des objets hétéroclites provenant des quatre coins du monde. L'objectif était de réunir les preuves de l'infinie variété de la création divine. Le portrait de Socrate obéit à cette esthétique. Le philosophe est comparé à des «silènes», «petites boîtes» (l. 6) au couvercle orné de figures variées et étranges qui en font de véritables curiosités : «harpies» et «satyres» appartiennent au domaine mythologique ; «oisons bridés» (oison auquel on fixe une plume), «canes bâtées» et «cerfs attelés» (cerfs traînant un carosse, une cariole) montrent des animaux apprivoisés ; «lièvres cornus» et «boucs volants» sont des chimères issues d'une forme d'imagination folklorique évoquant les tableaux de Jérôme Bosch (peintre flamand contemporain de Rabelais).

L'esthétique de la «curiosité» permet d'inscrire la sagesse socratique au sein de la variété des œuvres de Dieu : Socrate, comme le *Gargantua*, participe de l'infinie diversité de la Création, ce qui explique la présence d'adjectifs tels que «divin» (l. 24) et «céleste» (l. 26) dans le portrait du sage. Au sein de l'univers créé par Dieu coexistent le comique et le sublime, le bas et l'élevé, ainsi que bien d'autres réalités dont Socrate et les romans de Rabelais sont les reflets.

---

1. *Oxymore* : figure de style consistant à rapprocher des mots de sens opposé dans une relation syntaxique étroite.

De cette façon, le portrait de Socrate se charge de valeurs morales positives, qui sont celles que va véhiculer le *Gargantua*.

LA LEÇON MORALE

Rabelais met en place les éléments d'une morale qui va gouverner toute son œuvre. Alors que les savants dénigrent les romans pour leur frivolité et leur comique bas, il soutient que ses écrits ont une fonction primordiale : distraire et maintenir en bonne santé. Socrate est la personnification de cette joyeuse entreprise.

Un personnage positif

Socrate, bien que grotesque et bas, est un personnage positif. On s'en aperçoit d'abord aux caractérisations favorables et souvent hyperboliques qui décrivent autant le sage que les silènes auxquels il est comparé : «de grande valeur» (l. 15), «divin» (l. 24), «céleste et inappréciable» (l. 26), etc. On constate aussi que Rabelais place d'emblée ce personnage dans le cadre d'un genre littéraire mélioratif : l'«éloge» (l. 4), discours rhétorique consistant à louer les qualités d'un personnage. D'autres éléments influencent l'image positive que le lecteur se fait de Socrate : la référence à Platon (l. 3) est valorisante, de même que celle qui est faite à Bacchus, et à Silène son «maître», dans la mesure où ce dieu est caractérisé par l'épithète «bon» (l. 12).

Socrate, garant de la vie

Rabelais, qui est un médecin avant d'être un romancier, compare Socrate à un médicament : il est semblable aux boîtes d'«apothicaires» (l. 7) contenant «les fines drogues» (c'est-à-dire les ingrédients précieux, l. 13). Le baume, l'ambre gris, l'amome, le musc, la civette entraient en effet dans la composition des préparations pharmaceutiques, de même que les pierreries (on utilisera les pierres précieuses en pharmacie jusqu'au XIXᵉ siècle). Socrate est le garant de la bonne santé, donc de la vie.

Assurer la santé, n'est-ce pas le rôle d'un médecin ? Juste avant le prologue figure l'«Avis au lecteur», où Rabelais déclare avoir écrit son roman pour guérir l'homme «du chagrin qui le mine et le consume», grâce au rire. Or Socrate est lui aussi marqué par le thème du rire. D'une part il est semblable aux figures «amusantes» (l. 8) faites «pour inciter les gens à rire» (l. 11-12). D'autre part, on le voit «toujours riant», «toujours se moquant» (l. 22-24), «toujours prêt à trinquer avec chacun» (l. 23). Socrate réalise l'association du vin et du rire, véritable clé de l'univers rabelaisien. La figure du sage est donc l'image exacte et bienveillante des romans de Rabelais.

Le pacte de lecture

Puisque nous sommes au début d'un prologue, les lecteurs ont un rôle à jouer. Ils sont définis par l'épithète «précieux» (l. 1). Dans le texte original, la même épithète sert à caractériser les produits de grande valeur des silènes auxquels ressemble Socrate : des «choses *precieuses*». Cette analogie entre les lecteurs et Socrate est prolongée par une métaphore : «en ouvrant une telle boîte, vous auriez trouvé un céleste ingrédient» (l. 24-26). L'interprétation du sens des romans rabelaisiens doit donc s'effectuer par une démarche intellectuelle semblable à celle qui consiste à découvrir la richesse intérieure de Socrate. Cette attitude sera définie plus bas par la célèbre métaphore montrant le roman comme un os que le lecteur doit briser pour découvrir la «substantifique moelle». Autrement dit, lire le *Gargantua* consiste à découvrir la morale positive du rire et de la bonne santé, dissimulée sous un comique bas et *a priori* sans intérêt.

CONCLUSION

Le portrait de Socrate recouvre des enjeux importants. Il s'agit pour Rabelais de justifier la légitimité de ses romans, par rapport aux traités des savants censés être les seuls dépositaires des hautes vérités. Grâce à ce portrait, nous comprenons que même la morale la plus élevée peut se dissimuler dans des personnages grotesques. Rabelais définit ici la manière de lire son livre : « à plus hault sens », comme il le dira dans la suite du prologue. Ce « hault sens » consiste notamment à accepter l'autre tel qu'il se présente, même si, au premier coup d'œil, son apparence ridicule semble dénuée d'intérêt, car l'« habit ne fait point le moine ».

Texte 4 | *Gargantua,* chapitre 52

translation en français moderne)

Il ne restait plus qu'à doter le moine : Gargantua voulait
le faire abbé de Seuilly, mais il refusa. Il voulut lui donner
l'abbaye de Bourgueil ou celle de Saint-Florent, celle qui lui
conviendrait le mieux ou toutes les deux s'il lui plaisait.
5   Mais le moine lui répondit catégoriquement qu'il ne voulait
ni se charger de moines, ni en gouverner : «Comment,
disait-il, pourrais-je gouverner autrui, alors que je ne saurais
me gouverner moi-même ? S'il vous semble que je vous aie
rendu et que je puisse à l'avenir vous rendre quelque servi-
10 ce qui vous agrée, permettez-moi de fonder une abbaye à
mon idée.»

La requête agréa à Gargantua, qui offrit tout son pays de
Thélème, le long de la Loire, à deux lieues de la grande
forêt de Port-Huault. Il pria Gargantua d'instituer son
15 ordre au rebours de tous les autres.

«Alors, dit Gargantua, pour commencer, il ne faudra pas
construire de murailles alentour, car toutes les autres
abbayes sont sauvagement murées.

– C'est vrai, dit le moine, et cela ne reste pas sans effet :
20 là où il y a des murs devant aussi bien que derrière, il y a
force murmures, envies et conspirations réciproques.»

Bien plus, vu qu'il est d'usage, en certains couvents de ce
monde, que, si quelque femme y pénètre (j'entends une de
ces femmes prudes et pudiques), on nettoie l'endroit par où
25 elle est passée, il fut ordonné que s'il y entrait par hasard un
religieux ou une religieuse, on nettoierait soigneusement
tous les endroits par où ils seraient passés. Et parce que
dans les couvents de ce monde tout est mesuré, limité et
réglé par les heures canoniques, on décréta qu'il n'y aurait là
30 ni horloge ni cadran, mais que toutes les occupations

seraient distribuées au gré des occasions et des circonstances. Gargantua disait que la plus sûre perte de temps qu'il connût c'était de compter les heures (qu'en retire-t-on de bon ?) et que la plus grande sottise du monde c'était de

35 se gouverner au son d'une cloche et non selon les règles du bon sens et de l'intelligence.

INTRODUCTION

▌Situer le passage

Le passage se situe à la fin du *Gargantua*, au début de l'épisode consacré à l'abbaye de Thélème. La guerre menée par le géant contre le tyran Picrochole est terminée. Gargantua, en prince généreux, récompense tous ceux qui l'ont aidé à remporter la victoire. Vient le tour de Frère Jean, moine libre et énergique. Gargantua va lui offrir une région où fonder l'abbaye de Thélème.

▌Dégager des axes de lecture

Débute ici le projet de Frère Jean : créer un nouvel ordre religieux. Le moine est le porte-parole d'un certain humanisme qui se montre virulent envers les ordres monastiques comme les franciscains, les bénédictins, etc. Pour Rabelais, mais aussi pour Érasme et bien d'autres, les abbayes sont peuplées de moines fainéants, superstitieux et intolérants, qui pervertissent le vrai message chrétien, fait d'amour et de respect. Afin de dégager le sens profond de la religion fondée par ce moine d'exception qu'est Frère Jean, nous nous demanderons en quoi Thélème s'oppose aux autres abbayes. Puis nous verrons de quelle manière elle construit un espace de liberté. Enfin nous étudierons les relations qu'entretiennent Frère Jean et Gargantua au moment de fonder cette abbaye d'un nouveau type.

UNE CRITIQUE DES ABBAYES

Les romans de Rabelais ne cherchent pas seulement à distraire le lecteur. Ils ont aussi pour objectif de critiquer certains travers de la société de l'époque afin d'en améliorer les mentalités.

La réalité et la fiction

Dans ce passage, il ne s'agit pas de décrire un univers purement fictif, mais de présenter avec précision une réalité afin de mieux la critiquer. Le texte comporte donc des indices montrant que ce sont bien les ordres monastiques de l'époque qui sont visés. Les plus explicites de ces indices sont les noms propres. On relève ainsi les noms d'abbayes réelles : «Seuilly», «Bourgueil», «Saint-Florent» (l. 2-4). Ces effets de réel sont renforcés par des toponymes (noms de lieux) : «la Loire» (l. 13) et «la grande forêt de Port-Huault» (l. 14) désignent des lieux authentiques, ils renvoient le lecteur à son univers quotidien.

Mais il est important de noter que ces noms fonctionnent aussi en relation avec celui de «Thélème» (l. 13). Or, ce nom est purement fictif, ce qui indique que la fiction et la réalité se mélangent, comme le suggère aussi le fait que Thélème soit située près de la forêt de Port-Huault avec une rigoureuse précision : «à deux lieues» (l. 13). De cette manière, Rabelais suggère que l'univers fictif du roman s'inspire du monde réel, mais aussi que la fiction est si proche de la réalité qu'elle peut agir sur celle-ci : tel est l'objectif des romans qui, en critiquant une société, espère modifier les mentalités.

La critique des ordres monastiques

Les critiques contre les moines portent ici sur quatre travers précis. Le premier est le *goût du pouvoir*. Il est dénoncé implicitement par Frère Jean de deux façons : d'abord par sa renonciation aux très riches abbayes de Saint-Florent et Bourgueil, ensuite par son refus de «gouverner autrui» (l. 7). Ce travers était souvent dénoncé par les humanistes dans leurs écrits contre l'Église : le pape lui-même, Jules II, était plus célèbre pour déclarer des guerres et amasser des richesses que pour faire respecter les fondements de l'Évangile.

Deuxième travers : les moines ont un rapport à l'autre fondé sur l'*exclusion* : Gargantua rappelle que les abbayes sont murées (l. 18), donc séparées du monde, puis Frère Jean signale que les moines nettoient les traces du passage des femmes (l. 24-25). Car, troisième travers, cette exclusion repose sur la *superstition* des moines, pour qui toute femme (même les «prudes et pudiques», c'est-à-dire les vertueuses) est mauvaise et impure, car descendante d'Ève, par qui le péché serait entré au Paradis terrestre.

Enfin, le repli des moines sur eux-mêmes les poussant aux «conspirations» et à la jalousie, ils se rendent coupables du quatrième travers : la *médisance*. On remarquera la moquerie de Frère Jean qui explique au moyen d'un jeu de mots amusant que ces conspirations, ou «murmures», sont les conséquences des «murs» dont s'entourent les moines. Mais cette moquerie suggère aussi que les pensées des moines ne sont inspirées que par les lieux qu'ils habitent, et non par les principes du christianisme.

De fait, ces quatre travers ne sont pas autre chose que des perversions des leçons fondamentales du christianisme : alors que les Évangiles insistent sur l'amour, la charité, la tolérance, l'écoute d'autrui, les ordres religieux cherchent à dominer l'autre (goût du pouvoir), à l'écarter (exclusion), refusent de le comprendre (superstition), le dénigrent (médisance).

UNE ANTI-ABBAYE

Les ordres monastiques traditionnels sont bien éloignés du christianisme. C'est pourquoi Thélème ne peut se contenter d'être simplement différente des autres abbayes : elle doit aussi, et surtout, leur être *opposée*.

L'antithèse
comme fondement philosophique

Le fait que Thélème soit une anti-abbaye se traduit par la généralisation de l'antithèse. On remarque d'abord que le moine souhaite que son ordre soit institué «au rebours de tous les autres» (l. 14-15). Le texte original dit : «au *contraire* de toutes aultres». Ce renseignement signale que l'antithèse est un des fondements philosophiques de l'abbaye[1].

Ensuite, Rabelais établit trois rapprochements antithétiques entre l'ordre thélémite et les autres ordres. Le premier oppose Thélème aux abbayes habituelles parce qu'elles sont murées (l. 18), le deuxième parce qu'elles refusent les femmes (l. 23), le troisième parce qu'elles sont soumises aux horloges (l. 27-29). On constate que ces rapprochements décrivent les étapes de l'entrée progressive à l'intérieur des abbayes : les murailles montrent l'extérieur, puis notre regard y «pénètre» (l. 23) en même temps que les femmes, enfin le rapport des religieux aux horloges suggère le type d'existence qu'on y mène. La construction rigoureuse et logique du point de vue renforce l'efficacité de l'antithèse.

Interrogeons maintenant les marques formelles de cette antithèse. Deux des rapprochements reposent sur la négation : alors que les abbayes ordinaires ont des murs et des horloges, «il *ne* faudra *pas* construire de murailles» (l. 16-17) autour de Thélème, et on n'y trouvera «*ni* horloge *ni* cadran» (l. 30). L'autre rapprochement est construit sur une inversion : alors que dans les abbayes existantes on se méfie des femmes, dans Thélème on se méfiera des religieux (l. 25-26). La négation et l'inversion renforcent l'antithèse en la diversifiant et en l'enrichissant.

---

1. Comme elle est d'ailleurs le fondement du roman entier : avant le troisième et dernier épisode (l'abbaye de Thélème), le premier épisode (l'éducation du géant) repose sur l'antithèse entre la mauvaise pédagogie puis la bonne, et le deuxième épisode (la guerre picrocholine) sur l'antithèse entre le bon prince et le tyran.

Un espace de liberté

Il est important que la toute première caractéristique de Thélème mentionnée et par Gargantua et par Frère Jean soit l'absence de murailles. Un mur protège de l'extérieur, mais il sert aussi à enfermer. Cette abbaye sans murailles sera donc un lieu de liberté. De fait, l'une des significations du nom *Thélème* est le grec *thélêma*, qui signifie «libre volonté», et la devise des Thélémites sera «Fais ce que voudras» (chap. 57). À Thélème, on est libre de faire ce que l'on veut (du moment que l'on respecte les principes élémentaires de la morale et de la vie en communauté).

Cette liberté s'exerce à l'égard des valeurs «de ce monde» (l. 28). Et tout d'abord de l'argent. Le refus de Frère Jean de diriger les riches abbayes de Saint-Florent et de Bourgueil indique que le moine veut échapper à tout un système économique, impliquant par nature différentes contraintes vis-à-vis de clients, de débiteurs, de créanciers, et autres gens de finance, auxquels on se lie par contrat. Cette liberté est également affirmée par le don généreux de Gargantua, qui n'attend aucune contrepartie : Gargantua veut «donner» (l. 2) au moine des abbayes, il lui offre (l. 13) Thélème. Le rapport d'indépendance vis-à-vis de l'argent souligne que la liberté s'exerce par rapport à des valeurs matérielles. Elle peut aussi s'exercer à l'encontre de valeurs philosophiques : en refusant que les horloges règlent ses journées, Frère Jean déclare son indépendance face aux contraintes du temps.

Ainsi, affranchi des valeurs sur lesquelles se fonde la collectivité, Frère Jean apparaît-il comme le champion des libertés individuelles et de l'affirmation de soi.

LE MOINE ET LE PRINCE

On peut toutefois se demander si cette belle affirmation de liberté n'est pas menacée par Gargantua. Auquel cas, Thélème pourrait apparaître comme un lieu ambigu, entre espace de liberté et prison dorée.

Le déséquilibre entre les personnages

Il ne faut pas oublier les statuts respectifs des deux personnages en présence. Gargantua est un prince, il est fils de roi. Le
groupe nominal «*son* pays de Thélème» (l. 12-13) montre que le
géant est bel et bien propriétaire d'une région. Surtout, certains
verbes indiquent clairement la supériorité du personnage. La pro-
position «voulait le *faire* abbé» (l. 2) montre que le géant peut agir
sur le destin du moine. De même, le verbe «agréa» (l. 12) rappelle l'une des caractéristiques habituelles de la définition d'un prince : il est important de lui plaire. Enfin, la répétition du verbe *vouloir* (l. 1-2) met l'accent sur le fait que le géant a le pouvoir
d'exercer sa volonté. Et puisque cette volonté porte sur le devenir
des abbayes du royaume – Seuilly, Bourgueil – pourquoi ne s'exer-
cerait-elle pas aussi sur celui de Thélème ?

À l'inverse, Frère Jean n'est qu'un moine. Du reste, il s'adresse
au géant avec déférence : «permettez-moi» (l. 10). Cette formule
montre qu'il est conscient du rapport hiérarchique qui le sépare du
géant. Or, Frère Jean est profondément libre. On peut donc se
demander s'il n'existe pas certaines tensions entre les deux personnages. Ainsi, la première réponse de Frère Jean à Gargantua,
quoique courtoise, est un refus «catégorique» (l. 5). Ensuite, il
définit ses exploits passés comme un «service» rendu (l. 9), et non
comme un témoignage d'allégeance. Enfin, si le statut royal de
Gargantua est marqué par la répétition du verbe *vouloir*, on
constate que ce même verbe permet d'imposer la force de caractère du moine : Gargantua «voulait» (l. 1), mais Frère Jean «ne
voulait pas» (l. 5-6). Cette affirmation de sa volonté suggère que le
moine entretient un rapport antithétique non seulement avec les
autres ordres monastiques, mais aussi avec Gargantua.

Qui décide ?

Notre passage repose sur un paradoxe fondamental : alors que
la nouvelle abbaye est censée être édifiée selon la volonté du

moine, c'est surtout Gargantua qui en définit les principes. Frère Jean souhaite que son ordre soit contraire aux autres, mais c'est Gargantua qui décide en quoi consistera cette opposition : en une absence de murailles, que le moine n'a plus qu'à approuver («c'est vrai», l. 19). Même chose pour ce qui concerne l'affirmation la plus forte du principe de liberté : l'affranchissement à l'égard du temps. Se libérer du diktat des heures est très important pour Frère Jean : il l'a déjà affirmé au chapitre 41. Or, ici, c'est Gargantua qui prend à son compte cette volonté de s'affranchir du temps (l. 34-35).

Quant aux autres décisions, le texte entretient une parfaite ambiguïté : «il fut ordonné que» (l. 25), «on décréta que» (l. 29). Qui décide ? Le texte ne le dit pas. Mais le choix des verbes oriente l'interprétation : *ordonner* et *décréter* sont des actes plus habituels pour un prince que pour un simple moine. Cette dernière ambiguïté est représentative des incertitudes du texte : dans quelle mesure Gargantua laisse-t-il vraiment Frère Jean libre de faire ce que bon lui semble ?

CONCLUSION

Le dernier épisode du *Gargantua*, sous les apparences d'une critique humaniste des ordres monastiques, est donc riche en ambiguïtés. On peut penser que le géant, après avoir constaté l'incroyable énergie du moine durant la guerre contre Picrochole, ainsi que son indomptable liberté, cherche à lui édifier un lieu à partir duquel il pourra mieux le contrôler. Après avoir montré sa valeur guerrière, Gargantua s'affirmerait alors comme un politique habile, sachant récompenser ses alliés tout en les muselant.

Bibliographie

ÉDITIONS DE L'ŒUVRE DE RABELAIS

- *Œuvres complètes* de Rabelais, nouvelle éd. de M. Huchon, Paris, Gallimard, « Bibliothèque de la Pléiade », 1994.
- *Œuvres complètes* de Rabelais, Paris, Le Seuil, coll. « L'Intégrale », 1973 (avec une translation en français moderne).
- *Gargantua* et *Pantagruel*, éd. G. Defaux, Paris, Le Livre de poche, coll. « Bibliothèque classique », 1994.

OUVRAGES SUR LE XVI⁰ SIÈCLE

- AULOTTE R., *Précis de littérature française du XVIᵉ siècle*, Paris, PUF, 1991.
- DELUMEAU Jean, *La Civilisation de la Renaissance*, Paris, Arthaud, 1968.
- DELUMEAU Jean, *Naissance et affirmation de la Réforme*, Paris, PUF, 1965.
- FEBVRE Lucien, *Le Problème de l'incroyance au seizième siècle. La religion de Rabelais*, Paris, Albin Michel, 1968.
- JOUANNA André, *La France du XVIᵉ siècle*, Paris, PUF, 1996.
- LE GOFF Jacques, *Les Intellectuels au Moyen Âge*, Paris, Le Seuil, 1957.
- MANDROU Robert, *Introduction à la France moderne*, Paris, Albin Michel, 1961.

- BAKHTINE Mikhaïl, *L'Œuvre de François Rabelais et la culture populaire au Moyen Âge et sous la Renaissance*, Paris, Gallimard, 1970 (pour la traduction française).
- BARAZ M., *Rabelais et la joie de la liberté*, Paris, Corti, 1983.
- DEFAUX Gérard, *Le Curieux, le glorieux et la sagesse du monde*, French Forum, 1982.
- DEMERSON Guy, *Rabelais*, Paris, Fayard, 1991.
- DEMERSON Guy, *L'Esthétique de Rabelais*, Paris, SEDES, 1996.
- LAZARD M., *Rabelais humaniste*, Paris, Hachette, 1993.
- MÉNAGER Daniel, *Rabelais*, Paris, Bordas, coll. « En toutes lettres », 1989.
- MILHE POUTINGON Gérard, *Rabelais. Bilan critique*, Paris, Nathan Université, coll. « 128 », 1996.
- PARIS J., *Rabelais au futur*, Paris, Le Seuil, 1970.
- POUILLOUX Jean-Yves, *Rabelais. « Rire est le propre de l'homme »*, Paris, Gallimard, coll. « Découvertes », 1993.
- RIGOLOT François, *Les Langages de Rabelais*, Genève, Droz, 1972.
- SAULNIER V. L., *Le Dessein de Rabelais*, Paris, SEDES, 1957.
- SCREECH Michael, *Rabelais*, Paris, Gallimard, « Bibliothèque des idées », 1992.

Index

Guide pour la recherche des idées

Ateliers Bussière Camedan Imprimeries
à Saint-Amand (Cher), France.
Dépôt légal : août 2003. N° d'édit. : 37650. N° d'imp. : 033306/1.